Walther Ziegler

Konfuzius

in 60 Minuten

Dank an Rudolf Aichner für seine unermüdliche und kritische Redigierung,
Silke Ruthenberg für die feine Grafik, Christiane Hüttner, Melanie Tintera
und Dr. Martin Engler für das Lektorat.
Spezieller Dank auch für ihre Unterstützung an den Sinologen Prof. Dr. Christian Soffel,
den vietnamesischen Konfuziuskenner Dr. Luu Hong Khanh und den
Lesekreis des Konfuzius-Institutes München.

Das Leben an einem Ort ist erst dann schön, wenn die Menschen ein gutes Verhältnis zueinander haben.[1]

Bibliografische Information der Deutschen Nationalbibliothek:
Die Deutsche Nationalbibliothek verzeichnet diese Publikation in der Deutschen
Nationalbibliografie; detaillierte bibliografische Daten sind im Internet über www.dnb.de
abrufbar.

© 2020 Dr. Walther Ziegler
Umschlaggestaltung und Grafik des gesamten Buches: Silke Ruthenberg
unter Verwendung von Illustrationen von:
Raphael Bräsecke, Creactive – Atelier für Werbung, Comic & Illustration (Zeichnungen)
© JackF - Fotolia.com (Bilderrahmen)
© Valerie Potapova - Fotolia.com (Bilderrahmen)
© Svetlana Gryankina - Fotolia.com (Sprechblasen)
Herstellung und Verlag:
BoD – Books on Demand, Norderstedt

ISBN 9-783-7526-6975-6

Inhalt

Die große Entdeckung von Konfuzius

Konfuzius (551 - 479 v. Chr.) ist der bedeutendste chinesische Philosoph. Eigentlich heißt er Kong Fuzi[2], was wörtlich übersetzt „Meister Kong" bedeutet. Doch die Jesuiten, die 1687 als Missionare erstmals seine Schriften aus dem Chinesischen in das Lateinische übersetzten, gaben ihm den lateinisch klingenden Namen ‚Konfuzius', unter dem er bis heute in der westlichen Welt bekannt ist.

Seine Gedanken und seine Lehre verbreiteten sich nach seinem Tod zunächst in vielen Ländern Asiens und später weltweit. Wo auch immer jemand einen Satz mit den Worten beginnt „Konfuzius sagt", hören die Menschen aufmerksam zu – in Erwartung einer zeitlos gültigen Lebensweisheit, an der sie sich orientieren können.

Tatsächlich sind die Gedanken von Konfuzius bis heute von erstaunlicher Aktualität und psychologischer Schärfe. Konfuzius ist nicht nur ein Philosoph, sondern auch ein brillanter Menschenkenner und Psychologe mit einem unbestechlichen Blick für unsere menschlichen Schwächen, Stärken und Möglichkeiten. Das erklärt vielleicht auch, warum seine Lehre über zweitausendfünfhundert Jahre hinweg alle Stürme, Irrungen und Wirrungen der Geschichte überstehen konnte. Bis heute prägt Konfuzius die Erziehung und Orientierung von Milliarden Menschen in China, Japan, Vietnam, Thailand, Korea, Taiwan und weiten Teilen der Philippinen. Seit dem 17. Jahrhundert erfährt er im Gefolge der ersten Übersetzung durch die Jesuiten auch in der westlichen Welt zunehmende Aufmerksamkeit. Der französische Philosoph Voltaire feiert ihn als ersten großen Rationalisten und Aufklärer. Inzwischen gibt es mehr als hundert Übersetzungen seines Hauptwerkes, der berühmten *Lunyu*. Dabei hat Konfuzius selbst, ähnlich wie Sokrates, nichts Schriftliches hinterlassen. *Lunyu* heißt aus dem Chinesischen übersetzt *„Gespräche"*. Tatsächlich handelt es sich hierbei nur um kurze Gespräche, Aussprüche und Taten des Meisters, die seine Schüler über die Jahre hinweg aufgezeichnet und gesammelt haben. Es ist also kein systematisches Werk, wie man es von anderen Philosophen her kennt, sondern eine Sammlung der Äußerungen von Konfuzius zu unterschiedlichen Themen und Fragestellungen.[3]

Dennoch enthalten die verschiedenen Gespräche mit seinen Schülern, wie Konfuzius selbst betont, einen klar erkennbaren Kerngedanken, um den sich alles dreht:

> [...] es gibt einen Gedanken, der sich wie ein roter Faden durch meine Lehre zieht.[4]

Und dieser Kerngedanke hat etwas radikal Neues. Alle Menschen sind bei Konfuzius nämlich von Natur aus gleich. Anders als es Jahrtausende vor Konfuzius in China üblich war, spielen Standesunterschiede und Herkunft bei ihm keine Rolle mehr. Jeder einzelne Mensch, ob Adeliger oder Bauer, reich oder arm, kann sein „Dao", seinen rechten Weg finden. Jeder von uns ist, so Konfuzius, prinzipiell in der Lage, durch Charakterschulung, Bildung und Selbstkultivierung ein „Junzi", ein edler Mensch zu werden.

Konfuzius gilt damit als einer der ganz großen Denker der Achsenzeit, einer Epoche, in der sich die Menschheit gleichzeitig auf verschiedenen Kontinenten völlig neu orientierte, so als würde sich das Denken nach jahrtausendelangem Stillstand auf einmal um seine eigene Achse aus der Dunkelheit heraus ins Licht drehen.

Konfuzius lebte zur selben Zeit wie Buddha auf dem indischen Subkontinent und der griechische Philosoph Sokrates im tausende Kilometer entfernten Europa. Und genau wie diese beiden gibt er den Menschen in einer Epoche des moralischen Verfalls und der Kriege eine ganz neue politisch ethische Orientierung, die weit über sein eigenes Leben hinauswirkt. Wie Buddha und Sokrates sucht Konfuzius nach einer zeitlosen Wahrheit, die auch für künftige Generationen gilt. Es genügt ihm nicht, nur seine eigene Zeit zu verstehen:

Wer nicht an die Zukunft denkt, wird bald Sorgen haben.[5]

Seine besondere Strahlkraft verdankt er zweifellos seinem ebenso einfachen wie brillanten Kerngedanken – der Suche nach dem „Dao", und damit der Suche nach der dreifachen Harmonie: der Harmonie zwischen dem einzelnen Menschen und seiner Familie, der Harmonie zwischen sich und der Gesellschaft und der inneren Harmonie zwischen sich selbst und seinen Vorsätzen, also zwischen unserem realen Leben und unserem Idealbild.

Dabei geht es Konfuzius nicht, wie man zunächst meinen könnte, um die Erreichung der totalen Identität, also der völligen Übereinstimmung des Einzelnen mit seiner Familie, den Freunden oder dem Staat. Es geht ihm auch nicht um die finale Erreichung einer Gleichheit zwischen allen Individuen oder der Deckungsgleichheit zwischen unserem Leben und unserer Idealvorstellung. Im Gegenteil – das Streben nach Harmonie bedeutet für Konfuzius etwas grundsätzlich anderes als das Streben nach Gleichheit:

Ein Edler harmoniert, aber er macht sich nicht gleich.[6]

Harmonie ist bei Konfuzius ein schillernder Begriff. Erst wenn wir seine Bedeutung richtig verstehen, eröffnet sich uns der Kerngedanke seiner Philosophie. Mit „Harmonie" meint er nämlich nicht, wie im umgangssprachlichen Gebrauch des Wortes, einen Zustand völliger Entspanntheit, sondern ein unermüdliches lebenslanges Bemühen. Harmonie ist nichts anderes als das andauernde Streben nach gelingender Mitmenschlichkeit. Als einer seiner Schüler Konfuzius fragt, ob er mit einem Wort sagen könne, wonach man sein Handeln ein Leben lang ausrichten solle, antwortet er schlicht:

> Das ist ‚gegenseitige Rücksichtnahme'.[7]

Und zur Bekräftigung fügt er noch jenen berühmten Satz hinzu, der einige hundert Jahre später als sogenannte 'goldene Regel' oder „golden rule"[8] um die ganze Welt geht:

> Was man mir nicht antun soll, will ich auch nicht anderen Menschen zufügen.[9]

Doch genau diese gegenseitige Rücksichtnahme, die anderen so zu behandeln, wie man selbst von diesen behandelt werden will, ist nicht selbstverständlich. Im Gegenteil: Das Sichhineinversetzen in das Empfinden der anderen ist das Allerschwierigste. Keiner von uns, so Konfuzius, schafft es durchgehend, auf die anderen in derselben Weise Rücksicht zu nehmen, wie auf sich selbst. Zumeist stellen wir unsere Interessen weit über das Wohlbefinden der anderen. Es kommt im Alltag immer wieder zu Verletzungen.

Nur der „Junzi", der wirklich „Edle", lebt sein Leben ohne andere zu beeinträchtigen. Ja, er fördert sogar bewusst die Entfaltung der Menschen um sich herum. Im Prinzip kann jeder Mensch durch Charakterschulung und Selbstkultivierung zu einem solch edlen Menschen aufsteigen. Doch Konfuzius räumt gleichzeitig ein, dass es sehr schwierig ist, in jeder Situation als „Junzi", als „edler Mensch" zu fühlen, zu denken und zu handeln. Sogar er selbst bewältige diese Aufgabe oft nicht, da sie drei Tugenden gleichzeitig erfordere:

> Zum Weg des Edlen gehört dreierlei, aber ich bewältige es nicht: Richtiges Verhalten zu anderen Menschen – es befreit von Sorgen. Weisheit – sie bewahrt vor Zweifeln. Entschlossenheit – sie überwindet die Furcht.[10]

Es ehrt Konfuzius, dass er ehrlich zugibt, dass nicht einmal er selbst, der große Philosoph und Lehrmeister, in der Lage ist, alle drei Aufgaben zu bewältigen und somit stets rücksichtsvoll, weise und mutig zu sein. Dennoch bleibt sein moralischer Appell bestehen, es immer wieder zu versuchen. Die große Aufgabe, so Konfuzius, besteht darin, die auseinanderdriftenden Kräfte von Egoismus und Rücksichtnahme in Einklang zu bringen. Denn nur, wenn uns dies gelingt, haben wir die Chance auf ein erfülltes Leben. Das wirkliche Glück, so Konfuzius, verlangt die Entfaltung der Menschlichkeit, des „Ren":

Gemäß der Menschlichkeit handeln, das sollst du. Hierbei bleibe nicht [...] hinter deinem Lehrer zurück.[11]

Dieser philosophische Kerngedanke, also die entschlossene Suche nach Harmonie, durch Rücksichtnahme und Menschlichkeit, mag uns auf den ersten Blick selbstverständlich erscheinen. Bei genauerer Betrachtung aber hat Konfuzius damit ein sehr heißes Eisen angefasst. Harmonie ist nämlich keineswegs selbstverständlich. Sie ist sogar die Ausnahme. Jeder von uns weiß, wie konfliktreich gerade Familienbeziehungen sind, jeder von uns hat sich schon über den Staat, die eigene Ohnmacht und die Behördenwillkür geärgert und jeder von uns kennt das Gefühl, schmerzlich hinter seinen eigenen Wünschen und Möglichkeiten zurückzubleiben. Wie sollen wir mit unserer Unzufriedenheit umgehen? Können wir die dreifache Harmonie jemals erreichen?

Konfuzius spricht den zeitlosen Grundkonflikt des menschlichen Daseins aus, den wir nur allzu gut aus unserem eigenen Leben kennen: Wir alle werden mit Bedürfnissen, Wünschen und Trieben geboren. Aber wir sind nicht allein auf der Welt. Unsere Bedürfnisse und Wünsche prallen auf die der anderen Menschen und lassen sich nicht immer vereinbaren.

Es gibt Konkurrenz und Streit um knappe Güter, Aufmerksamkeit, Ruhm, Anerkennung, Zuwendung und Liebe. Die Gefühle von Neid, Eitelkeit oder tief empfundener Kränkung sind so alt wie die Menschheit selbst. Konfuzius hat es als Erster gewagt, ein Licht auf dieses Spannungsfeld zu werfen und die alles entscheidende Frage gestellt: Wie kann ich mich entfalten und meine Wünsche und Vorstellungen verwirklichen, ohne dabei die anderen einzuschränken und zu schädigen? Wie befolge ich die Gesetze und Sitten der Gemeinschaft und des Staates, ohne dabei mich selbst zu verleugnen? In welchen Situationen muss ich auf die Entfaltung meiner Werte bestehen und in welchen mich zurücknehmen? Wann muss ich die Freunde, die Familie und die Regierung treu unterstützen und wann aufrecht widersprechen und Widerstand leisten?

Gerade weil Konfuzius Fragen stellt, die uns im täglichen Leben beschäftigen, ist seine Lehre so praxisnah und hilfreich. Die Anwendbarkeit und psychologische Scharfsinnigkeit seiner Gedanken haben vielleicht auch mit seinem eigenen Schicksal zu tun. Er kennt das Leben ebenso aus der Perspektive des Armen und Mittellosen, wie des Reichen und Mächtigen. Mit drei Jahren verliert er bereits den Vater und seine Familie verarmt. Als Halbwaise wächst er in einfachsten Verhältnissen auf:

[...] ich hatte eine harte Jugend. Deshalb musste ich viele gewöhnliche Dinge lernen [...].[12]

Er arbeitet zunächst als Rinderhirte und auch sein späteres Leben ist phasenweise von großer Entbehrung und Armut geprägt. Zwar gründet er mit zweiundzwanzig Jahren eine eigene Schule mit bald mehr als 3000 Schülern und steigt zwischenzeitlich, der Überlieferung nach[13], zu einem hohen Verwaltungsbeamten im Range eines Ministers auf, doch wird er infolge politischer Unruhen wieder entmachtet. Schließlich zieht er vierzehn Jahre lang mit seinen Schülern als Wanderlehrer umher, bevor er in seine Heimatstadt zurückkehrt und dort bis an sein Lebensende unterrichtet.

Was kann uns das uralte Wissen des großen Chinesen heute noch nutzen? Hat Konfuzius Recht und die Suche nach dem „Dao", dem rechten Weg durch Verwirklichung äußerer und innerer Harmonie ist tatsächlich das Wichtigste in unserem Leben? Und wenn ja, wie finden wir diese Harmonie? Bedeutet das Sicheinfügen in die Familie und die Rücksichtnahme auf andere das höchste Glück oder gerät das Individuum dadurch in die Anpassungsfalle? Was meint Konfuzius konkret mit seiner Forderung, „Ren", also die „Mitmenschlichkeit", entschlossen und kompromisslos zu verwirklichen? Konfuzius gibt sehr konkrete Antworten – und das seit 2500 Jahren.

Der Kerngedanke von Konfuzius

Das Geheimnis der Harmonie: „Xiao" und „Li" – Respekt, Riten und Rituale

Harmonie ist für Konfuzius nicht nur ein anzustrebendes Ideal, sondern vor allem eine Lebenspraxis, die wir umsetzen und verwirklichen können. Es gibt, so Konfuzius, zwei Wurzeln, beziehungsweise zwei uralte Verhaltensmuster, die im Alltag zur Harmonie beitragen: „Xiao" und „Li". Oft werden diese beiden Elemente von uns mit solcher Selbstverständlichkeit angewandt, dass uns ihre unterschwellige Wirkung auf geheimnisvolle Weise verborgen bleibt.

„Xiao" bedeutet Respekt voreinander oder auch Pietät, Frömmigkeit, Pflichtgefühl. „Li" ist das chinesische Wort für Riten, Rituale, Bräuche, Gesetze, Regeln, Übereinkünfte und Traditionen. „Xiao" und „Li" sind zwei Schlüsselbegriffe von Konfuzius. Mit „Xiao" ist im Grunde etwas ganz Einfaches gemeint.

18

Der Respekt gegenüber den Eltern, und im weiteren Sinne gegenüber dem Vorgesetzten, der Regierung und dem Staat. Den ursprünglichen Sinn des Wortes erkennt man schon aus dem Schriftzeichen:

Es besteht zum einen aus dem Zeichen für „Alter" beziehungsweise „Eltern" oder „alt":

und zum anderen aus dem Zeichen für „Kind":

In der Zusammensetzung steht dann aber „alt" oberhalb von „Kind". Das Piktogramm für „Xiao", für „Respekt" bebildert also bereits, dass alte Menschen beziehungsweise Eltern über jungen Menschen und Kindern stehen und von diesen geachtet und für-

sorglich behandelt werden sollen. Respekt und Für-
sorge gegenüber den Eltern dürfen aber, so Konfuzius, auf keinen Fall missverstanden werden als bloß
materielle Sicherstellung ihres Unterhalts, wenn die
Arbeitskraft der Eltern nachlässt:

> [...] welcher Unterschied besteht dann
> zwischen der Sorge um den Unterhalt
> der Eltern und der Aufzucht von
> Hunden und Pferden?[14]

„Xiao" bedeutet mehr. Es beinhaltet die Liebe der
Kinder zu ihren Eltern, die Pflege im Alter, die Anwe-
senheit am Sterbebett, aber auch die Verehrung der
Ahnen, die Folgsamkeit gegenüber Eltern, älteren
Brüdern und Vorgesetzten. Jeder muss seine Rolle
mit Respekt gegenüber anderen übernehmen:

> Der Herrscher muß Herrscher sein, der
> Untertan muß Untertan bleiben. Der
> Vater sei Vater. Der Sohn, Sohn.[15]

Konfuzius warnt uns, vorschnell den Konflikt zu suchen und in Revolutionen, Revolten und Aufständen die gewachsene Hierarchie in Frage zu stellen. Er empfiehlt uns, maßvoll zu bleiben:

> Maß und Mitte bewahren – das ist die höchste Tugend. Sie ist selten geworden, seit langem schon.[16]

In der Familie soll der Respekt des Sohnes primär dem Vater, dann den älteren Brüdern entgegengebracht werden. Die Stellung der Frau wird von Konfuzius an dieser Stelle nicht thematisiert, unterscheidet sich aber wohl von unseren heutigen Vorstellungen. Konfuzius sieht im Respekt gegenüber Eltern und Großeltern eine Grundlage für die Harmonie in der Familie und indirekt der gesamten Gesellschaft:

> Ehrfurcht vor den Eltern und brüderliche Zuneigung – diese Tugenden [...] zu pflegen, heißt auch, an der Ordnung von Staat und Gesellschaft mitzuwirken.[17]

Mit „Li" beschreibt Konfuzius die seit Jahrhunderten gewachsenen Sitten, Regeln, Riten und Rituale, die es zu befolgen gilt. Diese verändern sich zwar im Laufe der Zeit, bieten aber dennoch Orientierung, gerade weil sie sich über lange Zeit herausgebildet und immer weiter verfeinert haben. Als ein Schüler Konfuzius fragt, ob nicht unsere derzeitigen Riten und Sitten spätestens nach zehn Generationen vergessen sein werden, antwortet Konfuzius:

Die Yin-Dynastie folgte der Xia-Dynastie, ihren Sitten und ihrer Ordnung. Was sie davon verworfen und was sie hinzugefügt hat, weiß man noch. Die Zhou-Dynastie folgte

der Yin-Dynastie, deren Sitten und deren Ordnung. Was sie davon verworfen und was sie hinzugefügt hat, ist ebenfalls bekannt. Mögen den Zhou auch andere folgen, man kann voraussehen, was sein wird, und wenn es sich um eine Zeitspanne von hundert Zeitaltern handelt.[18]

Man kann also voraussehen, dass jede Generation die Sitten weiter verfeinern wird, dabei aber auf der jeweils vorausgegangenen aufbaut. Zur Zeit von Konfuzius gab es noch keine schriftlich verfassten

Gesetze oder Gesetzesbücher, weshalb die Einhaltung der überlieferten Rechtsgrundsätze und Sitten eminent wichtig war. Die „Li", also die Sitten sind für die Menschen zudem ein wichtiges Orientierungssystem im Alltag. Denn zu den „Li" gehören auch große und kleine Rituale, die unser Zusammenleben harmonisieren. Konfuzius erklärt dies am Beispiel des Bogenschießens. Die Schüler des Konfuzius lernten nämlich neben Schreiben, Rechnen, Literatur, traditionellen Bräuchen und Musik auch Bogenschießen und Wagenlenken. Das Zielen und Treffen mit dem Pfeil, so Konfuzius, fördert zum einen die Konzentration und dient der Selbstdisziplinierung. Darüber hinaus aber fördert es vor allem die gegenseitige Anerkennung und Respekterweisung. So wie sich heute noch Boxer vor Beginn des Kampfes gegenseitig ihre Fäuste abklopfen und sich Karate-Kämpfer verbeugen, verneigten sich bereits die Schüler des Konfuzius voreinander und reichten, wenn sie siegreich waren, dem Unterlegenen einen Trunk:

Hier [...] verbeugt man sich vor Beginn. Nach Beendigung des Bogenschießens setzt man sich unter Verbeugungen nieder und trinkt Wein.[19]

Konfuzius legte auf solche Rituale großen Wert, denn er erkannte deren Bedeutung für die Harmonie unter den Menschen. Bei aller Konkurrenz und aller Rivalität im Sport, im Alltag, in der Familie oder der Gesellschaft, schaffen Gesten gegenseitiger Anerkennung zumindest einen Augenblick des sich Besinnens auf das gemeinsame Menschsein. Dies gilt für Beerdigungen als ritualisierte Anteilnahme an der Trauer der Hinterbliebenen, für den feierlichen Amtsantritt von Regierenden, für ritualisierte Feste und Feiertage, aber auch für ganz einfache alltägliche Grußrituale. Bis heute werden bei internationalen Sportereignissen und Wettkämpfen wie Fußballweltmeisterschaften Hände geschüttelt, Hymnen und Lieder gesungen sowie Wimpel ausgetauscht. Konfuzius weiß, warum dies so wichtig ist:

Die Lieder erheben den Menschen.
Die Riten geben ihm Halt.[20]

Ohne dass es uns noch auffällt, begrüßen sich Menschen auf der ganzen Welt, ob sie sich nun schon lange kennen oder zum ersten Mal sehen, mit rituellen

Handlungen – in Asien meist mit einer Verbeugung, in Europa oder Amerika mit einem Handschlag. Franzosen mit Wangenküsschen, Inder mit dem bekannten Grußwort „Namaste", was übersetzt heißt: „Ich verbeuge mich vor Dir". Dabei werden auch real die Handflächen aneinandergelegt, in Brusthöhe gehoben und der Kopf leicht gesenkt.

Mit diesen einfachen Gesten signalisieren wir dem Adressaten des Grußes, dass er sich sicher fühlen kann und dass wir ihm höflich, respekt- und vertrauensvoll im Rahmen wertschätzender Umgangsformen begegnen werden. Konfuzius legt also großen Wert auf „Xiao" und „Li", auf die respektvolle Suche nach Harmonie in Familie und Gesellschaft sowie auf die Einhaltung der Sitten und Rituale. Es ging ihm um eine funktionierende Gemeinschaft, in der die äußere Form den inneren Zusammenhalt unterstützt. Andererseits sind Rituale und tradierte Regeln für Konfuzius aber auch kein Selbstzweck. Sie müssen authentisch sein:

Bei einem Begräbnis ist die Trauer wichtiger, als die minutiöse Beachtung der zeremoniellen Regeln.[21]

Als ein Schüler Konfuzius fragt, ob es nicht besser sei, über das vorgegebene Maß an Sittlichkeit noch hinauszugehen, dieses also zu übertreffen, um auf keinen Fall dahinter zurückzubleiben, antwortet Konfuzius mit einem einfachen Ratschlag:

> Zuviel ist ebenso falsch wie zuwenig.[22]

Die Befolgung von „Xiao" und „Li", von Respekt und Sitten findet aber bei Konfuzius noch eine zweite Obergrenze – nämlich die spezifisch menschliche Schwäche, die Pflichten zwar zu erkennen, aber nicht die Kraft zu besitzen, ihnen nachzukommen. Konfuzius bezichtigt sich sogar selbst dieser Schwäche:

> Im Staate der Obrigkeit, in der Familie dem Vater und dem älteren Bruder dienen! Gewissenhaft gegenüber den Verstorbenen sein und alle Pflichten bei Begräbnis und Trauer erfüllen! Sich nicht vom Wein überwältigen lassen! Was davon gelingt mir schon?[23]

An dieser Stelle ist zweierlei interessant: Erstens, dass Konfuzius das Bemühen, sich „nicht vom Wein überwältigen zu lassen" in eine Reihe stellt mit den Bemühungen, sich in die Familie einzufügen und alle Pflichten gegenüber den Lebenden und Verstobenen zu erfüllen. Zweitens, dass er bedauernd feststellt, dass ihm selbst nicht viel davon gelingt. Solche humorvolle und mit einem Augenzwinkern vorgetragene Zweifel an seiner eigenen moralischen Reife wiederholen sich des Öfteren in den Gesprächen. Der Grund für diese offene Selbstkritik liegt darin, dass Konfuzius uns zu verstehen geben will, dass letztlich niemand in der Lage ist, sich durchgängig vorbildlich zu verhalten:

Ich habe noch niemanden getroffen, der seine eigenen Fehler sieht und sich dabei selbst anklagt.[24]

Um die dreifache Harmonie zu finden, also die Harmonie mit Familie und Freunden, die Harmonie mit der Gesellschaft und die Harmonie mit dem eigenen Leben bedarf es zunächst einer Höherbildung und Öffnung des Charakters. Wir müssen uns von unserem kleinlichen Egoismus und unserer Selbstbezogenheit befreien und ein „Junzi" werden, ein edler Mensch. „Junzi" ist ein zentraler Begriff in der Ethik von Konfuzius.

Vorbildlich denken und handeln: Die fünf Tugenden des „Junzi", des edlen Menschen

Ein „Junzi" ist eine Art Ritter, ein Edelmann mit gut ausgebildeten Tugenden, oder modern gesagt, ein fairer und verantwortungsvoller Mensch. Im Grunde hatte Konfuzius die große Vision, eine ideale Gesellschaft aus edlen Menschen, aus lauter „Junzis" zu schaffen, die einander gegenseitig anerkennen und für die Entfaltung der jeweils anderen Sorge tragen.

Noch zur Zeit von Konfuzius war „Junzi" ein Wort für Adelige und hochgeborene Fürsten. Das chinesische Schriftzeichen für „Junzi" besteht aus dem Zeichen für „Herr" und dem Zeichen für „Sohn". Das Piktogramm bedeutet also „Sohn des Herrn", „Sohn des Herrschenden" oder auch „Fürstensohn" und gibt einem hohen Geburts- und Machtstatus Ausdruck. Konfuzius definierte den Begriff aber zu seinen eigenen Zwecken völlig neu. „Junzi" ist bei Konfuzius erstmals nicht mehr eine Person von edler Geburt, sondern ein Mensch von edlem Charakter. Darin steckt etwas revolutionär Modernes. Wenn nämlich anstelle von Herkunft und Geblüt nur der edle Charakter entscheidend ist, kann prinzipiell jeder von uns ein Edler werden, egal ob er in einem Slum oder einem Villenviertel geboren wird, ob seine Eltern reich und kultiviert oder arm und ungehobelt sind. Jeder kann seinen Charakter formen und höherbilden. Der Ausgangspunkt ist dabei für uns alle gleich. Denn, so Konfuzius, von Natur aus haben wir sehr ähnliche Anlagen:

> Von Natur aus sind die Menschen einander ähnlich. Durch die Erziehung entfernen sie sich voneinander.[25]

Die Menschen sind also im Wesentlichen von Natur aus gleich und unterscheiden sich erst durch ihre Erziehung. Das bedeutet, dass auch ein Armer zu einem Edelmann aufsteigen kann, so wie umgekehrt ein Fürst oder Nachkömmling eines Fürsten moralisch versagen kann. Er darf in diesem Falle, so Konfuzius, nicht länger als Junzi gelten:

Entfernt sich der Edle von den Normen korrekten sittlichen Verhaltens, – wie verdient er dann noch diesen Namen?[26]

Ein Edler wird also prinzipiell nicht an der Herkunft, sondern ausschließlich an seinen Gedanken und Taten gemessen:

Verhält sich der Edle nicht ernst und würdevoll, dann genießt er keine Achtung.[27]

Was aber zeichnet den „Junzi" aus? Was unterscheidet ihn von den anderen? Konfuzius nennt uns zunächst eine Reihe von konkreten Verhaltensweisen:

> Der Edle hält maß im Essen, strebt nicht nach Bequemlichkeit im Wohnen; er handelt klug und redet mit Bedacht. Er richtet sich an jenen aus, die den rechten Weg gehen. Von einem solchen Menschen kann man sagen, daß er danach strebt zu lernen.[28]

Die Tugenden der Edlen, so die revolutionäre These von Konfuzius, sind also erlernbar. Obgleich Konfuzius noch in einer durch und durch feudalen Standesgesellschaft lebte, machte er keine Klassenunterschiede und unterrichtete Schüler aus allen gesellschaftlichen Schichten. Im Wesentlichen hielt er sie dazu an, die fünf Kardinaltugenden zu erlernen und sich darin zu üben:

> Höflichkeit, Großmut, Aufrichtigkeit, Eifer und Güte. Der Höfliche genießt mehr Achtung, durch Großmut gewinnt man Sympathie. Aufrichtigkeit schafft Vertrauen. Eifer bringt Erfolg. Wer Güte hat, kann anderer Menschen Herr und Leiter sein.[29]

Die erste Tugend, die der Höflichkeit, besteht darin, dem anderen mit Respekt zu begegnen. Hierbei spielen auch wieder „Xiao" und „Li", also Rituale und Umgangsformen eine große Rolle. Von der ehrerbietigen Begrüßung bis zur freundlichen Verabschiedung zeigt man dem anderen, dass man sich mit ihm vertrauensvoll innerhalb gewachsener und bewährter Umgangsformen verständigen will, also innerhalb eines Kodex, der beiden Seiten Anerkennung ihrer Würde zusichert.

Großmut ist die zweite Tugend, die wir erlernen müssen, um ein Edler zu werden. Es geht darum, seine eigene Eitelkeit in den Griff zu bekommen, andere in ihrer Entfaltung zu fördern. Wichtig ist, sie auch dann nicht zu verurteilen, wenn man sich von ihnen missverstanden oder unbeantwortet fühlt:

Von den Menschen verkannt zu werden, ohne dabei Verbitterung zu spüren – ist das nicht auch eine Eigenschaft des Edlen?[30]

In Situationen der Nicht-Anerkennung keine Verbitterung zu spüren, ist in der Tat eine edle Eigenschaft. Die meisten Menschen würden gereizt oder beleidigt reagieren. Zur Tugend der Großmütigkeit gehört also die Überwindung der Eitelkeit und zwar nicht nur bei Kränkungen durch andere, sondern auch bei eigenen Fehlern. Wenn wir beispielsweise etwas falsch machen, neigen wir dazu, dies nicht zuzugeben, zu vertuschen oder sogar unseren Standpunkt stur zu verteidigen. Wer gibt schon gerne zu, sich geirrt zu haben und zieht seine Konsequenzen daraus? Doch genau dazu muss der Edle in der Lage sein:

Wenn du Fehler gemacht hast, dann scheue dich nicht, sie zu korrigieren.[31]

Das Verhalten [...] zu ändern, und Fehler zu korrigieren – darauf kommt es an.[32]

Die dritte Tugend ist die Aufrichtigkeit. Damit ist vor allem gemeint, dass der Edle seine Worte mit seinen Taten in Einklang bringt. Er lügt nicht und verspricht nichts, was er nicht halten kann:

Der Edle schämt sich, wenn seine Worte seine Taten übertreffen.[33]

Dem Edlen mißfällt es, wenn man seine wahren Absichten nicht äußert, sondern sich statt dessen Vorwände ausdenkt.[34]

Der sorgfältige Umgang mit Worten und Begriffen ist Konfuzius sehr wichtig. Als ihn ein Schüler fragt, was er als erstes tun würde, wenn ihm vom Herrscher das Regierungsamt vom chinesischen Teilstaat Wei übertragen würde, antwortet Konfuzius:

> Unbedingt die Namen
> richtigstellen.[35]

Konfuzius kritisierte nämlich die damals schlampige und unzutreffende Verwendung von Begriffen. So würden zum Beispiel inzwischen runde Gefäße immer noch mit demselben Namen der früher eckigen Gefäße bezeichnet. Es ging Konfuzius aber vor allem um die Richtigstellung politisch instrumentalisierter Worte. Der Schüler entgegnet Konfuzius, dass es doch wohl Wichtigeres gäbe als diese formalen Dinge. Konfuzius aber bleibt dabei:

> Stimmen die Namen und Begriffe nicht, so ist die Sprache konfus. Ist die Sprache konfus, so entstehen Unordnung und Mißerfolg. Gibt es Unordnung und

> Mißerfolg, so geraten Anstand und gute Sitten in Verfall [...], so weiß das Volk nicht, was es tun und lassen soll. Darum muß der Edle die Begriffe und Namen korrekt benutzen [...].[36]

Die vierte Tugend ist der Eifer. Dies mag zunächst verwundern, doch Konfuzius sieht im eifrigen und unablässigen Bemühen, sich weiterzuentwickeln eine wichtige Voraussetzung der Charakterbildung. Von seiner Naturausstattung her kann zwar jeder Mensch zu einem Edlen aufsteigen, aber er muss es auch wirklich wollen:

> Wer nicht danach strebt, dem eröffne ich nicht die Wahrheit. Wer nicht selbst nach den rechten Worten sucht, den unterweise ich nicht.[37]

Die fünfte und wichtigste Tugend, die der Edle entwickeln muss, ist die „Güte". Damit ist nicht nur im üblichen Sinn des Wortes gemeint, anderen Menschen gegenüber „gütig" zu sein, also ihnen etwas zu geben oder zu schenken, sondern darüber hinaus die Dimension der Mitmenschlichkeit, das sogenannte „Ren" zu entfalten:

> Wer unbeirrbar für das Gute eintritt, stets zum Rechten mahnt sowie Harmonie und Eintracht will – den kann man gebildet nennen.[38]

Für das Gute einzutreten heißt auch, die Verwirklichung seiner eigenen Wünsche, Ziele und Entfaltungsmöglichkeiten nicht über die der anderen zu stellen. Der „Junzi" hat immer das Wohl der anderen im Blick und muss sich diesbezüglich vorbildlich verhalten, um auch die anderen für ein solches Verhalten zu begeistern:

Wer […] selbst nicht zum richtigen Verhalten fähig ist – wie sollte der wohl andere bessern?[39]

Der „Junzi" muss generell in seinem Denken und Handeln vorbildlich sein und an sich selbst strengere Maßstäbe anlegen als an seine Umgebung:

Der Edle fordert sich selbst. Der Gemeine fordert von anderen.[40]

Als Konfuzius während der Wanderjahre im Jahr 489 v. Chr. in eine vom Krieg völlig verwüstete Gegend kommt, leiden er und seine Schüler großen Hunger. Als sie vor Schwäche kaum weiterlaufen können, fragen sie ihn, was sie nun tun sollen. Der Meister antwortet:

Wenn der Edle in Not ist, erträgt er sie standhaft. Ist der gewöhnliche Mensch in Not, dann verliert er die Fassung.[41]

Fazit: Solche Beschreibungen von Kardinaltugenden, die den Charakter des Edlen ausmachen, gab und gibt es natürlich seit jeher auch in anderen Ländern und Kulturen. So sind etwa der „Samurai" in Japan oder der „edle Ritter" in Europa entsprechende Idealbilder. Die Taten der Samurai und edlen Ritter werden seit jeher in Heldensagen gerühmt und beschrieben. Das provokative Element der konfuzianischen Ethik besteht aber darin, dass die Tugenden des edlen Menschen erlernbar und nicht mehr mit der Abstammung verbunden sind.

Ein ganz entscheidender Baustein in der Philosophie von Konfuzius ist deshalb die Selbstvervollkommnung und Selbstkultivierung des Menschen durch Bildung.

„Bildung soll allen zugänglich sein." Sie ist Voraussetzung von Allem und doch nicht Alles

Welch herausragende Rolle die Bildung bei Konfuzius spielt, zeigt sich schon im allerersten Satz, mit dem die *Gespräche* eröffnet werden:

> Etwas lernen und sich immer wieder darin üben – schafft das nicht auch Befriedigung?[42]

Vielleicht noch wichtiger aber ist seine unmissverständliche und kompromisslose Forderung nach einem freien Zugang zur Bildung:

> Bildung soll allen zugänglich sein. Man darf keine Standesunterschiede machen![43]

An der Umsetzung dieser Forderung arbeiten wir noch heute, 2500 Jahre später. Denn nach wie vor gibt es in vielen Gesellschaften der Welt Studiengebühren. Auch kommen die Studierenden noch immer überproportional aus gehobenen Bildungs- und Einkommensschichten. Die konfuzianische Forderung nach freiem Bildungszugang ist umso beeindruckender, als im damaligen China um 500 v. Chr. nur die Reichen und Mächtigen überhaupt gut lesen und schreiben konnten. Konfuzius legte aber großen Wert darauf, dass in seiner Schule auch Schüler aus dem einfachen Volk studieren, selbst wenn sie finanziell wenig oder nichts beisteuern konnten:

Ich habe niemandem – sofern er etwas, und war es auch noch so wenig, mitbrachte – jemals die Unterweisung verweigert.[44]

Er erzog seine Schüler zu edlen Menschen und bildete sie für Aufgaben im Staatsdienst aus. Einige übernahmen später tatsächlich Verantwortung in höchsten Ämtern. Natürlich war deren Zahl begrenzt, da die meisten Minister- und Verwaltungsposten immer noch nach Standesherkunft und nicht nach Lern- und Bildungserfolg vergeben wurden. Konfuzius bedauert eine solche Praxis und empfiehlt einen anderen Weg:

Der [...], welcher erst den Posten hat und dann lernt, kommt aus der Schicht der Herrschenden. Ich würde mich für den entscheiden, der erst lernen muß.[45]

Die Schule des Konfuzius darf man sich natürlich nicht wie eine heutige Universität vorstellen. Es ging zunächst darum, den Schülern überlieferte Texte zu Recht und Ordnung im „Buch der Urkunden", Texte zu Poesie und Kultur im „Buch der Lieder" oder Texte zur Geschichte und Tradition im „Buch der Riten" nahezubringen. Darüber hinaus wurden mit Bogenschießen und Wagenlenken auch praktische Fähigkeiten erlernt. Übergreifend allerdings verfolgte der Unterricht das Ziel einer Charakterschulung, einer Art Anleitung zur Selbstkultivierung. Die Bildung und insbesondere die Höherbildung des Charakters ist nie abgeschlossen und eine lebenslange Aufgabe von der Geburt bis zum Tod. Im Grunde, so Konfuzius, kommt niemand bereits wissend und edel zur Welt. Wenn dies allerdings bei irgendeinem Menschen jemals der Fall sein sollte, was so gut wie ausgeschlossen ist, wäre dies natürlich die höchstmögliche Stufe des Wissens:

Von Geburt an Wissen zu haben – das ist die höchste Stufe. Durch Lernen Wissen erwerben – das ist die nächste Stufe. Große Schwierigkeiten haben und

trotzdem lernen – das ist die dann folgende Stufe. Schwierigkeiten haben und nicht lernen – das sind Leute der untersten Stufe.[46]

Von sich selbst sagt Konfuzius:

Ich bin nicht mit Wissen geboren.[47]

Um sein Wissen zu vermehren ist, so Konfuzius, nicht nur das Studium der Bücher, sondern vor allem auch der lebendige Gedankenaustausch mit anderen Menschen notwendig. Deshalb lohnt es sich zuzuhören und nicht stur auf der eigenen Meinung zu beharren:

> Unter dreien ist bestimmt einer, von dem ich lernen kann. Ich suche die guten Eigenschaften heraus und folge ihnen.[48]

Wenn Konfuzius betont, dass auch er von anderen Menschen lernt, so ist dies keine falsche Bescheidenheit oder Koketterie. Konfuzius hat bereits die These vom „lebenslangen Lernen" formuliert. Wir müssen ein Leben lang offen bleiben für Neues, das Gelernte kritisch bedenken und gegebenenfalls ergänzen und ersetzen:

> Wer Altes bewahrt und zugleich neues Wissen und neue Erfahrungen zu gewinnen vermag, der kann den Menschen [...] Vorbild sein.[49]

Es ist wichtig, das Gelernte zu überdenken und umgekehrt seine Gedanken an seinem Wissen und seinen Erfahrungen zu überprüfen:

> Lernen, ohne zu denken – das ist nutzlos. Denken, ohne etwas gelernt zu haben – das ist verderblich.[50]

Wer beispielsweise nur seinen Überlegungen und Gedanken folgt, aber noch nicht ausreichend gelernt oder Erfahrungen gesammelt hat, neigt dazu, die Wirklichkeit zu radikal den eigenen Vorstellungen zu unterwerfen:

> Konsequent sein wollen, aber keine Bildung haben, das führt zu fanatischer Besessenheit.[51]

Umgekehrt ist es nutzlos, viel zu lernen und Wissen anzuhäufen, ohne das Gelernte auch zu durchdenken. Warum genügt es nicht, einfach nur viel zu lernen? Konfuzius gibt uns ein Beispiel:

Nehmen wir an, jemand kann alle dreihundert Stücke des ‚Buchs der Lieder' auswendig hersagen. Wird ihm aber eine verantwortungsvolle Aufgabe

übertragen, dann versagt er; [...] Ein solcher Mensch hat zwar viel gelernt, aber welchen Nutzen hat es?[52]

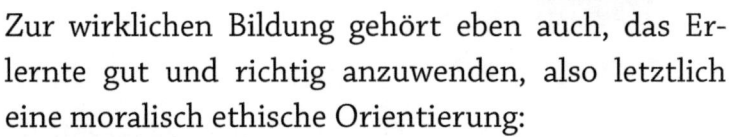

Zur wirklichen Bildung gehört eben auch, das Erlernte gut und richtig anzuwenden, also letztlich eine moralisch ethische Orientierung:

Wer unbeirrbar für das Gute eintritt, stets zum Rechten mahnt sowie Harmonie und Eintracht will – den kann man gebildet nennen.[53]

Wie aber können wir das Gute erkennen? An dieser Stelle kommt ein entscheidender Schritt im philosophischen Denken von Konfuzius. Obwohl er zunächst dem lebenslangen Lernen und der Bildung einen hohen Stellenwert eingeräumt hat, sagt er nun, dass Bildung zwar sehr wichtig ist, aber eben nicht alles. Wenn man nämlich das Erlernte anwenden will, benötigt man einen zusätzlichen Maßstab, mit dessen Hilfe man erst seine Handlungen und seine Lebensführung beurteilen und gestalten kann. Dieser Maßstab ist das sogenannte „Ren", die Menschlichkeit.

Die Verwirklichung des „Ren", der Menschlichkeit

Das chinesische Wort „Ren" bedeutet „Menschlichkeit" und ist der wichtigste und meistverwendete Begriff von Konfuzius. Allein in den *Lunyu*, den Gesprächen kommt er über hundert Mal vor. Man kann sagen, wer „Ren" verstanden hat, versteht auch den Kerngedanken von Konfuzius. „Ren" überragt an Bedeutung alles andere. Der Respekt „Xiao" und das Einhalten der Riten, also der „Li" sind wichtig, die Ausbildung der Tugenden des „Junzi" noch mehr. Das Entscheidende aber, die Krönung ist das „Ren". Nur wer das „Ren" praktiziert, handelt letztlich gut und gerecht. Erst das „Ren" gibt dem „Junzi" den

Maßstab, seine Tugenden und seine Bildung auch für das richtige Ziel einzusetzen.

Aber was bedeutet „Ren"? Was versteht Konfuzius konkret unter Menschlichkeit? Ein erster Hinweis findet sich bereits im entsprechenden Schriftzeichen. „Ren" besteht zur Hälfte aus dem Piktogramm für Mensch, also einer gehenden beziehungsweise stehenden Person:

und zur anderen Hälfte aus der Zahl zwei, die im Chinesischen, anders als im Lateinischen, nicht mit zwei senkrechten, sondern mit zwei waagrechten Strichen dargestellt wird:

Das ergibt zusammengesetzt das Zeichen für „Ren":

Die Zusammensetzung von „Mensch" und der Zahl „zwei" zeigt unmissverständlich, dass Menschlichkeit erst in Beziehung zu einem zweiten Menschen gelebt werden kann. Und darauf kommt es Konfuzius an. Menschlichkeit ist immer Mitmenschlichkeit.[54] Das bedeutet, dass wir bei aller Entfaltung unserer Bedürfnisse, Wünsche und Ziele auch die Entfaltung und das Wohl der Anderen im Auge haben müssen. „Ren" enthält die Verpflichtung, Verantwortung gegenüber anderen zu übernehmen:

> Wer den Grundsätzen des sittlichen Verhaltens (Ren) folgt, will sich und andere daran aufrichten. Er will, daß es ihm gelingt und daß es auch anderen gelingt.[55]

Aber was bedeutet das konkret? Was heißt es, sich und andere am „Ren" aufzurichten? Was ist „Ren"? Als ihm ein Schüler diese Frage stellt, antwortet Konfuzius:

> Die Menschen lieben.[56]

„Ren" ist also zunächst einmal ein Gefühl der Liebe und Zuneigung, also die Fähigkeit zur Empathie und Anteilnahme am Leben und Schicksal anderer. Diesen ersten Aspekt des „Ren" kennen wir alle, etwa als die anteilnehmende und fürsorgliche Liebe einer Mutter zu ihrem Kind. Aber auch mächtige Herrscher müssen, so Konfuzius, in der Lage sein, ihr Volk zu lieben:

> Wer einen Staat von tausend Kriegswagen regiert, der muß bei allem, was er tut [...], maßhalten können und die Menschen lieben.[57]

„Ren" hat zweitens einen kognitiven Aspekt. Menschlichkeit ist für Konfuzius nämlich nicht nur Menschenliebe als bloßes Gefühl der Anteilnahme, sondern darüber hinaus auch eine bewusste und vernünftige Entscheidung für das Gute. Wir können uns ganz rational für „Ren" entscheiden und „Ren" gezielt zur Entfaltung bringen. Menschlichkeit in diesem Sinne ist eine Handlungsmaxime, die es zu verwirklichen gilt. Als der Schüler Zigong fragt, ob es im Leben eine rationale Richtschnur für gutes Handeln gäbe, antwortet Konfuzius:

> Das ist ‚gegenseitige Rücksichtnahme'. Was man mir nicht antun soll, will ich auch nicht anderen Menschen zufügen.[58]

Konfuzius stellt hier erstmals die Forderung auf, dass ethisch gutes Verhalten generalisierbar sein muss. Das eigene Verhalten kann nur dann als gut bewertet werden, wenn man wollen kann, dass auch die anderen so handeln, wie man selbst. Konfuzius formuliert es zwar in Form einer Negation, also eines Nichtwünschens, falsch behandelt zu werden, aber mit derselben Kernaussage:

> Was du selbst nicht wünscht, das tue auch anderen nicht an.[59]

Drittens ist das „Ren" bei Konfuzius eine Art innere Entscheidungsinstanz. Jeder Mensch trägt in sich die Möglichkeit und die Fähigkeit, das Rechte zu tun. Er bedarf dazu im Zweifelsfall weder nur der „Li", also der Gesetze, Sitten und Riten, noch des Respekts, der „Xiao" beziehungsweise der Anweisungen der Eltern und des Staates, sondern vor allem seiner inneren Selbstprüfung:

> Es hängt von uns selbst ab, das Rechte zu tun. Oder muß man sich dabei etwa auf andere verlassen?[60]

Als ihm ein Schüler die Frage stellt, was „Ren", also Menschlichkeit letztendlich bedeutet, antwortet ihm Konfuzius:

> Sich selbst überwinden, die eigenen Wünsche und Begierden bezwingen, sich von Anstand, Höflichkeit und guten Sitten leiten lassen, das ist sittliches Verhalten (Ren).[61]

Entscheidend ist an dieser Stelle, dass Konfuzius jedem Menschen die Fähigkeit zugesteht, sich selbst zu überwinden und aus sich selbst heraus „Ren", also die Mitmenschlichkeit verwirklichen zu können.

Hier nimmt Konfuzius schon vieles vorweg, was der europäische Philosoph Immanuel Kant 2300 Jahre später in seinem kategorischen Imperativ formuliert. Es hängt einzig und allein von uns selbst ab, so zu handeln, dass unser Handeln so vorbildlich ist, dass es zur Grundlage für das Handeln aller werden kann. Den Maßstab, das „Rechte zu tun", also den Maßstab für gutes Handeln, trägt jeder Mensch in sich. Er braucht keine Hilfe von außen.

Fazit: Das „Ren", die Menschlichkeit, hat bei Konfuzius letztlich drei entscheidende Bedeutungen. Zum einen ist sie das Gefühl der Empathie und Liebe, also die Fähigkeit am Leben anderer Anteil zu nehmen. Zweitens ist „Ren" die bewusste Befolgung der Handlungsmaxime beziehungsweise der Vernunftregel, wonach man sich gegenüber anderen so verhalten soll, wie man sich wünscht, von diesen behandelt zu werden.

Und drittens ist „Ren" eine innere Entscheidungsinstanz, gutes von schlechtem Handeln zu unterscheiden und somit die Pflicht, Ersteres zu verwirklichen:

Dem Edlen ist die Pflicht die Richtschnur seines Verhaltens.[62]

Das gilt ebenso für den einfachen Menschen aus dem Volk wie für den Regierenden:

Wer den Grundsätzen des sittlichen Verhaltens folgt, will sich und andere daran aufrichten.[63]

Jeder Mensch soll als „Junzi", als Edler, vorbildlich denken und handeln, so dass sein Verhalten zur Orientierung für das Verhalten aller anderen werden kann. Deshalb dürfen auch die Mittel dem Ziel der Menschlichkeit niemals widersprechen:

Sieh, welche Mittel ein Mensch verwendet, um seine Ziele zu erreichen;[64]

Auch die Todesstrafe, die damals noch üblich war, lehnt Konfuzius ab, da sie die Möglichkeit des Tötens zu einer Handlungsmaxime erhebt, was aber der Verwirklichung der Menschlichkeit als oberstem Prinzip widerspricht. Als ein Fürst Konfuzius fragt: „Sollte man nicht um einer guten Sache willen alle jene töten, die nicht den rechten Weg gehen?",[65] verweist ihn Konfuzius auf die goldene Regel und seine Pflicht als Fürst, sich selbst vorbildlich zu verhalten:

Wieso müßt ihr töten, wenn ihr regiert? Ihr selbst müßt das Gute nur wirklich wollen, dann wird auch das Volk gut werden.[66]

Und er erinnert den Fürsten an seine Pflicht, das „Ren" zu praktizieren, vorbildlich zu handeln, indem er selbst stets das Rechte tut:

> Regieren heißt, das Rechte tun. Würdet Ihr Euch dabei an die Spitze stellen, wer würde dann wagen, anders zu handeln?[67]

Die ideale Gesellschaft beziehungsweise die bestmögliche Regierung benötigt keine Todesstrafe, keine Prügelstrafe, keine Gefängnisse. Sie verlässt sich vor allem auf das „Ren", auf die Mitmenschlichkeit:

> Will man Gehorsam durch Gesetze und Ordnung durch Strafe, dann wird sich das Volk den Gesetzen und Strafen zu entziehen versuchen und alle Skrupel verlieren.[68]

Wird hingegen nach sittlichen Grundsätzen regiert und die Ordnung durch Beachtung der Riten und der gewohnten Formen des Umgangs erreicht, so hat das

Volk nicht nur Skrupel, sondern es wird auch aus Überzeugung folgen.[69]

Das „Ren" besitzt also große Strahlkraft. Wird es von der Regierung und den Regierenden entschlossen verwirklicht, zieht es auch andere magisch an:

Wer nach sittlichen Grundsätzen regiert, gleicht dem Polarstern; er behält seinen Platz, und die anderen Sterne umkreisen ihn.[70]

Diese hohe Bewertung der Menschlichkeit als oberster Handlungsmaxime bedeutet aber auch, dass sie noch über den Gesetzen steht. Wenn nämlich ein Gesetz oder Ritual der Menschlichkeit widerspricht,

muss man sich im Zweifelsfall sogar dagegen entscheiden und sich widersetzen. Konfuzius war kein
Legalist, der die strikte Einhaltung der Gesetze als
oberstes Ziel definierte. Das „Ren" steht noch darüber. Was aber passiert, wenn die Herrschenden nicht
gemäß der goldenen Regel und dem „Ren" regieren?
Was ist zu tun, wenn sie unmoralischen und eigen-
nützigen Motiven folgen? Die Antwort von Konfuzius lässt keinen Zweifel offen:

> Ein Mann von starkem Willen und hoher
> Moral wird niemals versuchen, sein
> Leben auf Kosten seiner Überzeugung
> zu retten. Er ist sogar bereit, sein Leben
> für seine Überzeugung zu opfern.[71]

Das bedeutet im Klartext, dass es zur Pflicht werden
kann, Widerstand zu leisten, wenn das „Ren" verletzt
oder missachtet wird. Die sogenannten „Li", also die
überlieferten Riten, die Traditionen und das „Xiao",
die Pietät, die Gehorsamspflicht gegenüber den Eltern, der Regierung und den Gesetzen gelten dem-
nach nur so lange, wie sie mit dem „Ren" vereinbar

sind. Als der Schüler Zi-Lu fragt, wie ein Mensch vollkommen handeln könne, antwortet ihm Konfuzius:

Wenn man, auch wenn ein persönlicher Vorteil winkt, nicht vergißt, was man darf und was man nicht darf, wenn man darüber

hinaus bei Gefahr auch bereit ist, sein Leben zu geben, und wenn man schließlich stets zu seinen Worten steht, dann ist man wohl auch als vollkommen zu bezeichnen.[72]

In dieser Antwort spricht Konfuzius noch einmal deutlich aus, dass wir bereit sein müssen, für unsere Überzeugung einzustehen. Das „Ren" steht noch über dem „Li" und dem „Xiao". Im Zweifelsfall muss sich der Einzelne auch gegenüber dem Vater, der Familie oder dem Herrscher und deren Autorität für die Einhaltung der Menschlichkeit entscheiden. Denn ein Leben in ständiger Verwirklichung des „Ren" ist das oberste Ziel des „Junzi", des edlen Menschen. Aber Konfuzius wäre nicht Konfuzius, wenn er nicht wüsste, dass dies ein sehr, sehr hoher Anspruch ist, ein Anspruch, den kaum ein Mensch durchgängig in seinem Leben verwirklichen kann:

> Ich habe keinen Menschen kennengelernt, der das Gute wirklich liebt und kenne keinen, der das Böse wirklich verabscheut.[73]

An anderer Stelle räumt er ein, dass auch er selbst nicht perfekt ist:

> Was Vollkommenheit und wahre Sittlichkeit betrifft – wie könnte ich es wagen, mich dessen zu rühmen! Ich strebe danach, ohne nachzulassen; ich lehre andere ohne es müde zu werden – [...] aber nicht mehr.[74]

Auch wenn wahre und vollkommene Sittlichkeit und Menschlichkeit schwer zu erreichen sind, müssen wir doch stets aufs Neue versuchen, das „Ren" zu verwirklichen. „Ren" ist zwar ein hohes Ziel, aber im alltäglichen Leben gar nicht so weit weg:

> Die Tugend der Menschenliebe
> (Ren), – ist sie denn gar so fern?
> Sie ist durchaus zu erreichen, wenn
> man sie wirklich will.[75]

Dabei muss jeder seinen eigenen Weg finden, etwa als Familienvater, Bauer, Lehrer, Handwerker, Fürst, Beamter, Musiker oder Künstler. Und, so Konfuzius, jeder von uns kann es schaffen, zumindest für eine bestimmte Zeit, zum Beispiel mal einen ganzen Tag lang, durchgehend das „Ren" zu verwirklichen:

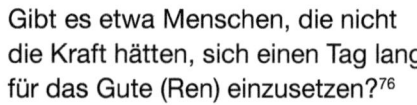

> Gibt es etwa Menschen, die nicht
> die Kraft hätten, sich einen Tag lang
> für das Gute (Ren) einzusetzen?[76]

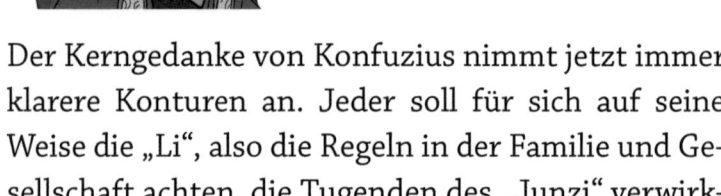

Der Kerngedanke von Konfuzius nimmt jetzt immer klarere Konturen an. Jeder soll für sich auf seine Weise die „Li", also die Regeln in der Familie und Gesellschaft achten, die Tugenden des „Junzi" verwirklichen und das „Ren" zur Entfaltung bringen. Der große Imperativ von Konfuzius lautet: Suche unter Verwirklichung des „Ren" nach deinem „Dao", dem rechten Weg, um in Harmonie mit den Mitmenschen und dir selbst zu leben.

Finde dein „Dao", den rechten Weg! Die konfuzianische Philosophie der Selbstkultivierung

„Dao" ist ein schillernder Begriff, nicht nur bei Konfuzius, sondern im gesamten asiatischen Denken. Wörtlich übersetzt heißt „Dao" nur der „Weg". Doch in der philosophischen Verwendung des Begriffs durch Konfuzius und die Daoisten bedeutet „Dao" darüber hinaus der „rechte Weg" oder der „richtige Weg". Es geht im übertragenen Sinn um die richtige Lebensführung:

Folge dem rechten Weg (Dào); richte dich am Guten aus;[77]

Allerdings gibt es einen entscheidenden Unterschied zwischen der Verwendung des Wortes „Dao" bei Konfuzius und bei den sogenannten Daoisten, einer zur Zeit von Konfuzius weit verbreiteten mystisch religiösen Strömung. Die Daoisten sehen gemäß Laotse, ihrem legendären Vordenker, im „Dao" den vorgegebenen göttlich kosmischen Weg, den es einzuhalten gilt und durch dessen Einhaltung man sich spirituell erhöhen kann. Wenn es gelingt, sich dem natürlichen Rhythmus von Tag und Nacht, Winter und Sommer, Werden und Vergehen vollkommen hinzugeben, kann man sogar einen bestimmten Grad körperlicher und geistiger Unsterblichkeit erreichen. Bei Konfuzius ist es genau umgekehrt. Nicht der göttliche Kosmos gibt den Menschen den richtigen Weg zur Vervollkommnung vor, sondern der Mensch selbst muss umgekehrt durch sein Denken und seine Taten den Kosmos vervollkommnen:

Der Mensch kann das Dào erhöhen, nicht [...] das Dào den Menschen.[78]

oder in anderer Übersetzung:

> Der Mensch vermag das Dào groß zu machen; es ist nicht so, daß das Dào den Menschen groß machte.[79]

Für Konfuzius hat das „Dao" also keine göttliche, sondern eine ethische, praktische Dimension. Man könnte die ganze Philosophie des Konfuzius sogar als die Suche nach dem verlorengegangenen „Dao" beschreiben. Er lebte in einer Zeit der politischen Zerrissenheit und des sittlichen Niedergangs. China war in eine Reihe von feindlich gesinnten Teilstaaten zerfallen. Einflussreiche Adelsfamilien und Klans hatten die Macht und bestimmten eigenwillig die Regeln und Gesetze der einzelnen Landesteile. Das Volk war verunsichert und lebte ohne Vertrauen in den Staat. Es verhielt sich ebenso selbstbezogen und auf den eigenen Vorteil bedacht. Konfuzius ging es um die Rückkehr zu einer moralischen Gesellschaft wie unter der Regierung der legendären Kaiser Yao, Shun und Yu:

> Sie regierten die Welt, ohne an sich selbst zu denken, ohne Machtgier und Eigennutz.[80]

Doch diese vorbildlichen Regenten, das war Konfuzius klar, würden nicht mehr leibhaftig zurückkehren. Ebenso wusste er, dass es Machthaber gab und immer wieder geben wird, die sich unmoralisch verhalten. Beispielsweise regierte der Herrscher des Staates Qi ungerecht und richtete seine ganze Energie nur darauf, möglichst viel Kampfwagen zu erwerben, die damals wichtigste Kriegswaffe:

> Jing-gong, Herrscher des Staates Qi, besaß tausend Viergespanne. Doch am Tage seines Todes hatte das Volk kein einziges gutes Wort über ihn zu sagen.[81]

Um nicht mehr auf den Zufall angewiesen zu sein, dass ein wohlwollender Herrscher an die Macht komme, suchte Konfuzius nach einem zeitlosen, ethischen Ordnungsprinzip. Er forderte alle Bürger und alle Regierenden auf, sich im täglichen Leben edel zu verhalten und wieder nach dem „Dao" zu suchen.

„Dao" ist für Konfuzius die richtige Art und Weise, wie der einzelne Mensch mit den anderen in Harmonie in einer Gesellschaft zusammenleben kann, es ist die Suche nach „Ren", nach Menschlichkeit, aber damit eben kein vorbestimmter Weg, sondern ein Handlungsprinzip, das wir Tag für Tag verwirklichen müssen. Und erst indem wir es verwirklichen, geben wir unserem Dasein Richtung und Weg. Das drückt auch das chinesische Schriftzeichen aus. Das Symbol für „Dao" besteht nämlich nicht, wie man vielleicht erwarten könnte, aus einem gemalten Weg oder einer sich schlängelnden Wegeführung, sondern setzt sich aus zwei Zeichen[82] zusammen, dem Zeichen für „gehen"

辶

und rechts daneben dem Zeichen für „Haupt" beziehungsweise „Kopf"

was zusammen folgendes Piktogramm ergibt:

Das bedeutet, dass der Weg erst zum Weg wird, wenn der Einzelne ihn auch wirklich begeht und zweitens, dass der rechte Weg erst aus dem Zusammenspiel von Kopf und Fuß, von Handeln und Denken entsteht. Handeln und Denken, Worte und Taten gehören zusammen:

Erst handelt er, wie er denkt. Dann spricht er, wie er handelt. [83]

Beides sollte stets übereinstimmen. Der rechte Weg, das „Dao", ergibt sich aus der inneren und äußeren Umsetzung des Gedankens des „Ren", also der Menschlichkeit. Wer die Harmonie mit anderen verwirklicht, setzt seinen Fuß automatisch in die richtige Richtung. Dazu muss der Mensch allerdings zuvor seinen Charakter und sein Verhalten weiterbilden und kultivieren:

> Dem Edlen geht es stets vor allem darum, dem Leben einen festen Grund zu geben. Ist der Grund gefestigt, eröffnet sich der rechte Weg.[84]

Das „Dao" hat also bei Konfuzius als Suche nach einer harmonischen Gesellschaft letztlich einen weltzugewandten, politisch moralischen Kern. Radikal gegen diese konfuzianische Auffassung, wonach das gelingende Zusammenleben ein Baustein für den rechten Weg sei, wandten sich die Daoisten. Die ganze Politik, der Staat, die Beamten, die Herrschenden, die Städte, ja die gesamte Zivilisation mit ihren Regeln, Vorschriften und Ritualen sei letztlich widernatürlich und störe nur den natürlichen Ablauf des Kosmos.

Laotse, einer der legendären Väter des Daoismus[85], hat in seinem, ihm zugeschriebenen Werk, dem Daodejing, das „Dao" als das „der ganzen Welt zu Grunde liegende Prinzip" bezeichnet, als eine Art Weltvernunft und Weltengesetz. In der Natur folge alles spontan dem rechten Weg. Die einzige Ausnahme sei der Mensch. Anders als die Pflanzen und Tiere, würde der Mensch durch sein gierig listiges Nachdenken aus der natürlichen Bahn geworfen. Er wolle stets eingreifen, verändern, verbessern und seinen eigenen Vorteil maximieren. Doch, so Laotse, jeder Eingriff, selbst wenn er gut gemeint ist, schadet letztlich dem natürlichen Fortgang. Das berechnende, planende Denken ist für Daoisten die Wurzel allen Übels. Es katapultiert den Menschen aus der Natur heraus. Technik, Politik, Moral und Zivilisation treten an die Stelle der ursprünglichen Einheit mit der Natur, verändern und stören sie.

Es sei aber völlig unnötig einzugreifen, denn, so Laotse, das „Dao" ordnet von selbst. Jede Pflanze, jedes Tier und jedes Wesen besitzt bereits sein „Dao", seinen vorgegebenen Weg, weshalb es weise ist, diesem zu folgen. Mit dem Ziel, im Rhythmus der Natur zu leben, darin aufzugehen und sich im Idealfall sogar mit ihr zu vereinen, verbindet sich in einigen Richtungen des Daoismus sogar die Hoffnung auf ein ewiges Leben. Konsequenterweise ist das oberste Ziel der Daoisten dann auch das ‚wuwei', das Nicht-Tun. Sie leben, wenn möglich, zurückgezogen in Klöstern, als Bauern und Selbstversorger an idyllischen Orten oder als Einsiedler. Nicht-tun bedeutet, das eigene Wollen weitgehend zu überwinden. Der Legende nach hat Laotse dann auch Konfuzius bei einem persönlichen Zusammentreffen geraten, sein Engagement für gerechtes Handeln, gerechtes Regieren und gerechte Gesetze endlich aufzugeben, da es am Ende den Lauf der Natur und der Welt nur stören würde. Doch Konfuzius fühlte sich weiterhin dazu verpflichtet, den Lauf der Welt zu verändern:

Wäre die Welt in Ordnung, dann brauchte ich mich nicht damit abzugeben, sie zu ändern.[86]

Der Gegensatz zwischen Konfuzius und den Daoisten zeigt sich deutlich an folgendem Beispiel. Als Konfuzius einen Fluss überqueren will, schickt er seinen Schüler Zi-lu voraus, der sich bei einem einheimischen Daoisten nach einer Furt erkundigt, an der man den Fluss bei niedrigem Wasserstand überqueren kann. Dieser antwortet ihm, dass der berühmte und gelehrte Meister Konfuzius doch wohl selbst in der Lage sein müsse, die Natur zumindest so gut zu kennen, dass er weiß, wo ein Fluss zu überqueren sei. Nach dieser frustrierenden Antwort versucht Zi-lu sein Glück bei einem anderen Einheimischen. Dieser, auch ein Daoist, hilft ihm aber auch nicht weiter und empfiehlt ihm sogar, sich mit seinem Meister endlich von der Welt und den Menschen zurückzuziehen. Es sei viel besser, sich der Natur anzuvertrauen und mit den Wesen des Waldes in ein Gespräch einzutreten. Als Konfuzius dies von seinem Schüler erzählt bekommt, sagt er:

> Zu Vögeln und anderen Tieren kann ich mich nicht gesellen. Mit wem sollte ich zusammen sein, wenn nicht mit diesen Menschen?[87]

Hier sieht man deutlich die Einstellung von Konfuzius gegenüber den Daoisten. Er will aus der Welt einen besseren Ort machen und dazu muss er auf die

Menschen zugehen. Er darf sich nicht zurückziehen.

Noch poetischer ist der Konflikt zwischen Konfuzius und den Daoisten in einem alten Märchen[88] überliefert, das man bis heute in Ostasien erzählt. Als Konfuzius mit seinen Schülern mal wieder auf Wanderschaft ist, versperrt ihm ein Kind die Weiterfahrt. Es hat seine Sandburg mitten in den Weg gebaut und beschützt sie. Konfuzius fragt erstaunt: „Weichst du mir nicht aus?" Der Knabe erwidert: „Wagen weichen der Stadt aus, nicht Städte dem Wagen."

Als Konfuzius ihn nach seinem Namen und seinem Wohnort fragt, sagt der Knabe: „Ich wohne namenlos im Windhaus", was natürlich eine Metapher für seine Daoistische Beheimatung in der Natur ist. Von seiner Schlagfertigkeit beeindruckt, lädt ihn Konfuzius zum Mitkommen ein und ruft ihm zu: „Lass uns die Welt ins Gleichgewicht setzen!" Doch der Knabe entgegnet Daoistisch: „Wem nützt das? Wo brüten Vögel, trägt man die Berge ab? Wo leben Fische, schüttet man Seen zu? Die große Welt will kein Gleichgewicht". Als Konfuzius dem Jungen zu verstehen gibt, dass er vielleicht trotzdem noch einiges von ihm lernen und sein Wissen vervollkommnen könnte, bezweifelt der Knabe selbst dies. „Frag mich etwas", bietet ihm Konfuzius an. Der Knabe erwidert: „Wie viel Sterne leuchten am Himmel?" Konfuzius sieht nach oben, überlegt eine Weile und antwortet: „Sprechen wir von Näherem." Daraufhin fragt das Kind: „Wie viel Haare haben deine Brauen?" Da lächelt der Meister, gibt sein Werben um den Knaben auf und sagt: „vielleicht übertrifft uns die junge Generation". Er lässt den Wagentross weiterfahren – um die Sandburg des Knaben herum.

Diese Geschichte zeigt noch einmal sehr schön, dass die Daoisten den rechten Weg im stoischen Sich-Einfügen in das Werden und Vergehen der Natur sehen, was für Konfuzius unmöglich ist. Er sucht das „Dao" nicht in der spirituellen Harmonie mit dem Kosmos oder der mystischen Vereinigung mit dem Urgrund.

Ihm geht es um die konkrete Harmonie zwischen Menschen, also um eine gerechte Gesellschaft. Das meditative Naturerlebnis, etwa in der Abgeschiedenheit oder Idylle eines Bergklosters oder an irgendeinem anderen schönen Ort genügt ihm nicht. Er will die Gesellschaft in Ordnung bringen:

Das Leben an einem Ort ist erst dann schön, wenn die Menschen ein gutes Verhältnis zueinander haben.[89]

Die Türe zum „Dao", zum rechten Weg, ist für Konfuzius einzig und allein die Orientierung am Guten, am „Ren", an einem gelingenden Miteinander. Das liegt für ihn klar auf der Hand und müsste eigentlich jedem Menschen verständlich sein. Umso mehr quält ihn die Frage:

Warum nehmen die Menschen nicht den rechten Weg?[90]

Dieses Problem, dass wir so oft nicht den rechten Weg finden, beschäftigt Konfuzius letztlich ein Leben lang. Ihm will er Abhilfe verschaffen. Dabei kommt für ihn der bloß meditative oder asketische Rückzug von der Welt nicht infrage. Eine Erleuchtung, Eingebung oder ein Alleinheitsgefühl durch Rückzug und Askese, wie es Laotse empfiehlt, wollte Konfuzius offenbar nicht gelingen:

> Ich habe schon tage- und nächtelang über die rechte Art zu leben nachgedacht, nichts gegessen und nicht geschlafen. Ich versuchte selbst darauf zu kommen. Das aber hat keinen Nutzen. Besser ist es, von anderen zu lernen.[91]

Nur im Gespräch und im lebendigen Austausch mit anderen, so Konfuzius, findet der Mensch sein „Dao", den rechten Weg.

Was nutzt uns die Entdeckung von Konfuzius heute?

Rückwärtsgewandte Lehre oder zeitlose Wahrheit?
Der lange Weg des Konfuzius

Die Grundforderungen von Konfuzius, Aufstieg durch Bildung, Harmonie mit der Familie und dem Staat und eine von Moral, Mitmenschlichkeit und vorbildlicher Lebensführung bestimmte Gesellschaft haben ganze Generationen in Ostasien geprägt. Auch seine Überzeugung, dass neben den „Li", also den gewachsenen Riten und Traditionen, vor allem das „Ren", die gelebte Menschlichkeit, den gesellschaftlichen Zusammenhalt ermöglichten, ist im Alltagsleben vieler ostasiatischer Länder anzutreffen. Noch heute sprechen Millionen chinesische Schüler im Unterricht regelmäßig die Lehrsätze des Konfuzius nach, um seine Inhalte zu verinnerlichen. Doch die

Geschichte seines Denkens verlief keineswegs so geradlinig, wie man meinen könnte.

Konfuzius reiste mit seinen Schülern durch die verschiedenen Teilstaaten des heutigen China und versuchte Könige, Fürsten und ganze Völker von seiner Lehre des Einstehens für die Menschlichkeit zu überzeugen. Doch nur sehr wenige verstanden diesen zukunftsweisenden Gedanken. Als sein Schüler Zi-lu beim Durchschreiten eines Steintores vom Torwächter gefragt wurde, wer er denn sei, gab er sich als Schüler von Meister Kong zu erkennen. Da fragte der Torwächter: „Ist das nicht jener Mann, der weiß, daß seine Ideen nicht zu verwirklichen sind, aber dennoch nicht davon abläßt?"[92]

Seine Ideen, insbesondere seine hohen moralischen Ansprüche an Regierende, sowie seine Forderung, dass alle Menschen Zugang zur Bildung haben sollen, machten Konfuzius für die Herrschenden zunächst einmal verdächtig.

Zweihundert Jahre nach seinem Tod wird seine Lehre durch die Qin-Herrscher sogar als Ketzerei verboten. Zur Abschreckung werden konfuzianische Gelehrte hingerichtet und einigen Überlieferungen zufolge sogar lebendig begraben.[93] Im Jahre 213 v. Chr. wird die Verbrennung aller Aufzeichnungen über Konfuzius angeordnet. Doch einige gut versteckte Abschriften überdauern die Zeit der Verfolgung.

Unter der Han-Dynastie (206 v. Chr. – 220 n. Chr.) steigt die Lehre des Konfuzius wie ein Phönix aus der Asche wieder auf. In der Tang-Dynastie (618 – 907 n. Chr.) werden „die Gespräche", also das *Lunyu* in die „Klassiker des chinesischen Wissens" aufgenommen und somit Prüfungsstoff zur Qualifikation für den Staatsdienst. Konfuzius ist jetzt sowohl im einfachen Volk bekannt als auch zum Pflichtwissen für die chinesischen Eliten geworden. Sein ursprünglich als ketzerisch bezeichneter Grundsatz, dass man nicht durch Geburt, sondern erst durch Lernen und Charakterschulung ein „Junzi", ein Edler oder ein Beamter mit Leitungsfunktion werden kann, wird tausend Jahre nach seinem Tod zur Staatsdoktrin:

Regieren heißt das Rechte tun.[94]

Dem Volk vorangehen, ihm ein Beispiel geben und es anspornen [...].[95]

Im Jahre 687 n. Chr. wird schließlich angeordnet, in allen Städten Konfuzius-Tempel zu errichten, um ihn als „Sheng ren", als moralische Instanz, als menschgewordene Moralität zu verehren. Man bringt ihm Speisen als Opfergaben dar. Dies bleibt so bis zum Ende der Kaiserzeit im Jahre 1911. Als in dieser Epoche, also im beginnenden 20. Jahrhundert, die letzten chinesischen Kaiser immer mehr unter Druck geraten, versuchen sie Konfuzius für ihren Machterhalt zu instrumentalisieren. Um die unzufriedene und hungernde Bevölkerung zu besänftigen und zu vertrösten, erklären sie Konfuzius feierlich und per Dekret zum Gott. Seine Anbetung verhelfe zu ewigem Leben. Die chinesische Zeitrechnung wird auf die Zählung der Jahre nach Konfuzius umgestellt. In Tempeln und Schreinen kommt es zu gottgleicher Ehrerbietung.

Konfuzius hätte dies natürlich strikt abgelehnt, denn seine Wahrheit war von dieser Welt. Seine Lehre beruht auf Argumentation, nicht auf Offenbarung.

Auch sich selbst hielt er zeitlebens für alles andere als einen Gott, einen Propheten oder Heiligen – im Gegenteil:

> Was Vollkommenheit und wahre Sittlichkeit betrifft – wie könnte ich es wagen, mich dessen zu rühmen![96]

Person und Lehre des Konfuzius sind letztlich durch und durch rational und mit jeder Form von Gottesverehrung unvereinbar. Er ist Agnostiker. Das griechische Wort „A-Gnosis" bedeutet übersetzt „Ohne Wissen" beziehungsweise „Nicht-Wissen" und Konfuzius vertritt wie die Agnostiker in der europäischen Antike die Auffassung, dass alle Aussagen, die auf der Existenz eines Gottes beruhen, als „Nicht-Wissen" beziehungsweise bloße Vermutung einzustufen sind. Ihm geht es um das richtige Handeln auf der Erde im Hier und Jetzt. Deshalb weigert er sich ein Leben lang, das Wort Gott in den Mund zu nehmen und zieht es vor, nur vom „Himmel" oder von „den Himmeln" zu sprechen. Als er von einem Schüler direkt gefragt wird, wie man zu den Geistern und Seelen im Himmel Kontakt aufnehmen und ihnen am besten dienen kann, antwortet er ausweichend:

Wer nicht den Menschen zu dienen versteht, wie kann der den Geistern dienen?[97]

Auch als der Schüler nachhakt und etwas über das Weiterleben nach dem Tod erfahren will, bekommt er von Konfuzius wieder nur eine Gegenfrage:

Wer noch nicht das Leben kennt, wie will der wohl den Tod begreifen?[98]

Konfuzius vermeidet es ein Leben lang, mit seinen Schülern über das Jenseits zu spekulieren. So schreibt sein Schüler Zigong: „Von des Meisters Bildung kann man lernen. Über [...] den Weg des Himmels aber ist von ihm nichts zu vernehmen."[99] An anderer Stelle heißt es: „Worüber der Meister nicht sprechen mochte, das waren Zauberei [...] und Geister."[100]

Die seiner Lehre diametral entgegengesetzte Gottesverehrung des Konfuzius findet ein jähes Ende, als das Kaiserreich 1911 nach mehreren Aufständen untergeht und die Republik ausgerufen wird. Konfuzius wird jetzt pauschal mit dem alten Feudalsystem identifiziert und abgelehnt. Eine Gruppe von Intellektuellen, die sogenannte ‚Bewegung des vierten Mai' fordert: „Zerschlagt den Konfuzius-Laden!"[101] Nach dem Bürgerkrieg übernimmt die kommunistische Partei in China die Regierung. Ihr Parteivorsitzender Mao Zedong empfiehlt 1939 seinen Parteigenossen und dem chinesischen Volk den „Großen Sprung vorwärts". Die Chinesen sollen nun vor allem von Lenin und Marx lernen, statt nur von Konfuzius. Insbesondere während der Kulturrevolution in den 1960er und 70er Jahren wird Konfuzius als veraltet und rückwärtsgewandt dargestellt. Kinder singen Spottlieder auf Konfuzius und verhöhnen ihn als „faules Ei"[102]. Seine Tempel und Schreine gelten nun als Relikte einer überkommenen Zeit und sollen niedergerissen werden. Als dies aber nur zögerlich befolgt wird und auch innerhalb der kommunistischen Partei auf Unwillen stößt, ändert Mao Zedong seine Anweisung dahingehend, dass die Konfuzius-Schreine nicht mehr zerstört werden müssen, sondern einfach dem natürlichen Verfall preisgegeben werden sollen. Mao Zedong hat ohnehin ein ambivalentes Verhältnis zu Konfuzius.

In einer weltweit aufsehenerregenden PR-Aktion durchschwimmt Mao als 73-Jähriger, vorne im Bild, zusammen mit einigen Rettungsschwimmern den Yangze-Fluss an seiner breitesten Stelle. Laut Presseerklärung legte Mao 15 Kilometer zurück und bewies damit seinen revolutionären Elan. Danach schreibt er ein Gedicht über diese Erfahrung und zitiert an zentraler Stelle ausgerechnet Konfuzius:

Wie dieses Wasser, so fließt alles dahin.[103]

Allerdings führt der Konfuzianismus zur Zeit Maos tatsächlich ein Schattendasein. Chinesische Intellektuelle machen Konfuzius dafür verantwortlich, dass China technisch, wirtschaftlich und kulturell den Anschluss an die entwickelten Industriestaaten verloren hat. Auch in Vietnam und Korea kritisiert man die konfuzianische Lehre, ohne einen Unterschied zum „historischen Konfuzius" zu machen, als rückständiges patriarchalisches System in Familie, Erziehung und Gesellschaft.

Diese Einschätzung ändert sich, als China in den 80er und 90er Jahren innerhalb zweier Jahrzehnte zu einer führenden Handels- und Wirtschaftsnation der Welt aufsteigt. Jetzt gibt es, insbesondere von Seiten westlicher Sinologen und Ökonomen, sogar die umgekehrte These, dass die im Volk tief verankerte konfuzianische Tradition der Harmonie und Verbundenheit mit Familie und Staat die Basis für den kollektiven Krafttakt der Industrialisierung und die Dynamik der asiatischen Wirtschaft ist.

Letztlich treffen beide Theorien, wonach Konfuzius einmal der rückwärtsgewandte Bremser, das andere Mal der Katalysator des Wirtschaftswunders in China sowie in den Tigerstaaten Taiwan, Südkorea und Singapur ist, nicht wirklich zu. Das engagierte Eintreten von Konfuzius für Harmonie im Sinne einer gelebten Menschlichkeit ist weder rückständig noch ein dauernder Garant für kollektive Einhelligkeit, Arbeitsamkeit oder gar Anpassung. Konfuzius empfiehlt zwar, den harmonischen Ausgleich mit anderen zu suchen und das Wohl der Gesellschaft im Auge zu behalten, aber er fordert auch, immer dann entschlossen für Gerechtigkeit und Menschlichkeit zu streiten, wenn diese verletzt werden. Harmonie bedeutet also im Sinne von Konfuzius keinesfalls bedingungslose kollektive Unterwerfung, sondern schließt Widerspruch und Widerstand mit ein:

Ein Mann von starkem Willen und hoher Moral wird niemals versuchen, sein Leben auf Kosten seiner Überzeugung zu retten. Er ist sogar bereit, sein Leben für seine Überzeugung zu opfern.[104]

Trotz aller Betonung des Harmoniegedankens, der bis heute in Asien eine große Rolle spielt, war und ist der Kern der Philosophie von Konfuzius alles andere als eine „Gehorsamsethik" oder gar „Sklavenmoral", wie dies bisweilen polemisch kritisiert wurde. Im Gegenteil – Konfuzius steht für Authentizität, Wahrheit und Diskurs. Als ihn ein Schüler fragte, wie man dem Herrscher am besten dienen solle, antwortet er:

> Den Herrscher niemals täuschen. Sollte es erforderlich sein, sich ihm offen widersetzen.[105]

An anderer Stelle sagt er:

> Geht es [...] in einem Staat nicht rechtens zu, dann ist es eine Schande reich und angesehen zu sein.[106]

Konfuzius war zwar der Denker der Harmonie. Aber das schloss die aufrichtige Rede und den Widerspruch mit ein. Kritik, Selbstkritik und offener Diskurs gehören unmittelbar zur Verwirklichung des „Ren" – der Menschlichkeit. Letztlich vertritt Konfuzius einen streitbaren und zeitlosen Humanismus.

Vielleicht hat er auch deshalb alle Stürme der Geschichte überstanden. Inzwischen sind sein Geburtshaus und der ihm gewidmete Tempel in Qufu ein beliebtes touristisches Ausflugsziel, das jährlich von Millionen Menschen besucht wird. Der Meister würde wohl lächeln, könnte er sehen, wie heutzutage Löffel, Handtücher, Postkarten und Puderdosen mit seinem Bild verkauft werden. Als die chinesische Regierung 2004 nach dem Vorbild der deutschen Goethe-Institute damit beginnt hunderte Bildungseinrichtungen zu eröffnen, lautet das erklärte Ziel, Chinas Ansehen als Kulturnation zu stärken.

Hatte man China bislang nur als erfolgreiche Exportnation wahrgenommen, sollte die Welt nun mit seinen kulturellen Leistungen vertraut gemacht werden. Und siehe da, die Wahl fiel nicht, wie zunächst geplant, auf den großen kommunistischen Vorsitzenden Mao Zedong, sondern auf Konfuzius. Heute gibt es weltweit annähernd tausend Konfuzius-Institute auf allen Kontinenten.

Das Wunder der Achsenzeit: Die Neuordnung der Welt durch Konfuzius, Buddha und Sokrates

Konfuzius ist einer der ganz großen Denker der Achsenzeit. Als Achsenzeit oder auch als „empirisch einsehbare Achse der Weltgeschichte"[107] wird von Wissenschaftlern, unter anderem vom deutschen Geschichtsphilosophen Jaspers, ein epochaler Wandel bezeichnet, in der drei völlig unterschiedliche Kulturkreise gleichzeitig einen entscheidenden philosophischen Fortschritt machen.

So lebt und wirkt Konfuzius in China zur selben Zeit wie Buddha in Nordindien und Sokrates in Europa.[108] Weder begegnen sich die drei Denker noch kennen sie die Lehren der jeweils anderen. Dennoch verbindet sie ein unsichtbares Band. Jeder von ihnen wird nämlich in eine krisengeschüttelte Zeit hineingeboren und jeder von ihnen verändert das Denken in seinem Kulturkreis. Erstmals erkennen die Menschen in den verschiedensten Regionen der Welt nahezu gleichzeitig, dass es in der Natur bestimmte Gesetzmäßigkeiten gibt, dass auch das menschliche Verhalten bestimmten Regeln folgt und man diese Regeln des Zusammenlebens begründen muss. Jaspers spricht von einer ersten weltweiten „Aufklärung"

und der Geburt dessen, was wir heute „Vernunft"
nennen. Das Wissen tritt jetzt erstmals in den Vor-
dergrund. Es wird vom Nicht-Wissen abgegrenzt.
Ähnlich wie der berühmte Satz von Sokrates, „Ich
weiß, dass ich nichts weiß", sagt auch Konfuzius:

Weiß ich viel? Nein, durchaus nicht.
[...] Aber ich betrachte das Problem
von allen Seiten [...].109

Und genau wie Sokrates empfiehlt Konfuzius:

Sei dir bewußt, was du weißt. Was
du hingegen nicht weißt, das gib
zu. Das ist das richtige Verhältnis
zum Wissen.110

In China wie in Griechenland geht es auf einmal
darum, Wissen von Aberglauben zu unterscheiden.
Diese Unterscheidung ist der Ursprung dessen, was

wir heute Wissenschaft nennen. Gemäß der Theorie der Achsenzeit gibt es in der Menschheitsgeschichte nur zwei große Zeitalter: die Zeit vor Konfuzius, Buddha und Sokrates und die Zeit danach. Vor der geistigen Revolution durch diese drei Denker herrschen überall auf der Welt Naturreligionen, Mythen, Schamanismus und Zauberei. Dann wagen Konfuzius, Buddha und Sokrates, die Welt jenseits der archaischen Vorstellung von Wetter-, Ernte-, Kriegs-, und Fruchtbarkeitsgöttern neu zu interpretieren und zu verstehen. Sie eröffnen der Menschheit ein ganz neues Weltverständnis. Dabei entstehen die Grundkategorien des Denkens, die uns bis heute prägen und den modernen Menschen ausmachen.

Konfuzius nimmt mit seiner Lehre von der Harmonie, der Menschlichkeit und der goldenen Regel bereits Elemente des kategorischen Imperativs von Kant vorweg und entwirft mit seiner Forderung nach der Praktizierung von „Ren", von Mitmenschlichkeit, ein erstes humanistisches Konzept:

> Das ist ‚gegenseitige Rücksichtnahme'.
> Was man mir nicht antun soll, will ich auch nicht anderen Menschen zufügen.[111]

Sokrates gelingt es, mit seiner „Maieutik", der sogenannten „Hebammentechnik", eine ergebnisoffene
Frage- und Antwortmethode auf den Weg zu bringen. Bis heute sind Frage und Antwort, Argumentation und Gegenargumentation, These und Antithese,
Versuch und Irrtum, sowie eine widerspruchsfreie
Logik eine Basis der modernen Wissenschaft.

Und Buddha schließlich legt den Menschen mit seinen vier Wahrheiten und dem achtfachen Pfad der
Erlösung erstmals nahe, sich weder auf materielle
Bedürfnisse noch auf die göttliche Gnade im Jenseits
zu verlassen, sondern ihren Weg, ihr „Dao", im Hier
und Jetzt, also in der Gegenwart zu suchen.

Die Welt dreht sich, gemäß der Theorie der Achsenzeit, aus dem Halbdunkel der Naturreligionen in das
Licht der Vernunft und Selbsterkenntnis des modernen Menschen.

Die Theorie der Achsenzeit wird allerdings, wie im
Grunde alle geschichtsphilosophischen Theorien,
kontrovers diskutiert. So sind sich die Kulturhistori-
ker sowohl über die genaue Datierung als auch über
die beteiligten Persönlichkeiten dieser Zeitenwen-
de noch uneinig.[112] Fest steht aber, dass Konfuzius
für die epochale Neuorientierung der Menschheit
eine entscheidende Rolle gespielt hat und weiterhin

spielt. Mit seiner Lehre von der Harmonie, der Mitmenschlichkeit und der goldenen Regel gibt er der Welt erstmal eine zeitlose Orientierungsmöglichkeit an die Hand.

Leichtigkeit gewinnen mit dem Meister: Selbstkritik, Witz und Ironie

Was nutzt uns Konfuzius heute? Ein Aspekt, der in der wissenschaftlichen Interpretation seiner Lehre meist zu kurz kommt, ist seine Leichtigkeit und sein Witz. „Wenn der Meister Muße hatte", so berichtet ein Schüler, „wirkte er entspannt und heiter".[113]

Aber gerade diese Heiterkeit machte ihn so menschlich und hat vielleicht mit dazu beigetragen, dass er bis heute lebendig geblieben ist. Von seiner Lebenshaltung können wir noch nach 2500 Jahren etwas lernen. Denn bei aller Ernsthaftigkeit seines moralischen Appells, sich stets edel wie ein „Junzi" zu verhalten, war sich Konfuzius darüber im Klaren, dass seine hohen moralischen Anforderungen von den meisten Menschen – inklusive seiner selbst – nicht immer eingehalten werden:

Gewissenhaft [...] sein und alle Pflichten [...] erfüllen! Sich nicht vom Wein überwältigen lassen! Was davon gelingt mir schon?[114]

Der Meister, so seine Schüler, lächelte oft und gerne. Seine Philosophie besteht ja im Wesentlichen aus Gesprächen mit seinen Schülern. Zwar leuchtet darin immer wieder sein Kerngedanke auf: die Suche nach Harmonie durch die Verwirklichung des „Ren". Aber Konfuzius hat kein klassisch aufgebautes philosophisches System mit Ontologie, Erkenntnistheorie, Geschichtsphilosophie und Ethik. Er war kein Systemphilosoph. Dieser Mangel ist zugleich seine Stärke und gibt seinem Denken etwas Beschwingtes und bisweilen Unvorhersehbares. Oft antwortet Konfuzius auf die Fragen seiner Schüler mit einer ironischen Gegenfrage.

Als beispielsweise ein Schüler ihm erzählt, ein Mann aus Da-Xiang habe zu ihm gesagt, dass sein Meister zwar großes Wissen habe und in vielen Dingen Bescheid wisse, aber letztlich in keiner einzigen Kunst ein wirklich herausragendes Talent habe, lächelt Konfuzius und sagt voller Ironie:

> Was soll ich also tun? Soll ich mich mit der Kunst des Wagenlenkens beschäftigen oder mit dem Bogenschießen? Ich denke, ich werde mich mit dem Wagenlenken beschäftigen.[115]

Eine unerwartete Wendung bekommt auch ein Gespräch mit vier Schülern, die Konfuzius zu ihren Zukunftswünschen befragt. Der Schüler Zi-lu antwortet sehr vorbildlich, er würde gerne als Minister in einem Staat berufen werden, der von außen bedroht, im inneren zerrüttet und von Hunger geplagt ist. In drei Jahren wolle er alle drei Probleme lösen. Auch der zweite Schüler wünscht sich ein Verwaltungsamt, in dem er das von Konfuzius erlernte Wissen anwenden kann. Er wolle durch vorbildliches Handeln und gerechte Gesetze den Menschen Mut machen. Dann wendet sich Konfuzius an Gong-xi Hua, den dritten Schüler:

Und was meinst du?[116]

Dieser antwortet, ebenfalls im Sinne von Konfuzius, dass er sich als Gehilfe eines Zeremonienmeisters der sorgfältigen Einhaltung der Rituale widmen will: „Ich möchte festlich gekleidet im Ahnentempel oder bei diplomatischen Anlässen assistieren. Ich sage nicht, daß ich das schon kann, aber lernen möchte ich es."[117]

Schließlich fragt der Meister den letzten der vier Schüler, Zeng Xi. Dieser lässt nur zögerlich seine Laute verklingen und will, angesichts der ambitionierten Reden der drei Vorgänger, seine Wünsche lieber nicht preisgeben. Er entschuldigt sich mit den Worten: „Meine Wünsche unterscheiden sich etwas von denen der drei anderen".[118] Doch Konfuzius ermutigt ihn:

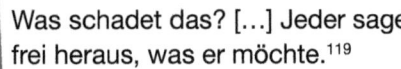

Was schadet das? […] Jeder sage frei heraus, was er möchte.[119]

Da fasst sich der Schüler ein Herz und sagt: „Gern würde ich im späten Frühling, wenn man leichtere Kleidung trägt, mit anderen im Flusse baden, mich von einer kühlenden Brise umfächeln lassen und schließlich singend heimwärts ziehen."[120] Als der Meister dies hört, seufzt er und sagt:

Ich stimme mit Zeng Xi überein.[121]

Der Meister war immer für eine überraschende Antwort gut. Einmal wollten die Schüler seine Zustimmung hören, dass Wen-zi, ein hoher Beamter aus dem Staat Lu doch wohl ein großes Vorbild sei. Denn bevor dieser handle, überlege er immer dreimal. Konfuzius erwidert:

Zweimal – das reicht schon aus.[122]

Bisweilen nimmt Konfuzius auch eigene theoretische Widersprüche in Kauf, wenn ihm dies erforderlich erscheint. Als ihn der Schüler Zi-lu danach fragt, ob er die gelernten sittlichen Grundsätze auch in seiner Familie anwenden und durchsetzen soll, antwortet ihm Konfuzius, dass er aufgrund seiner Jugend die Eltern respektieren und sich noch zurückhalten müsse. Als ihn der Schüler Ran Qui kurze Zeit später dasselbe fragt, rät er diesem:

Führe aus, was du gehört hast.[123]

Ein dritter Schüler hört zufällig die beiden entgegengesetzten Ratschläge und fragt den Meister, ob das nicht inkonsequent sei. Konfuzius antwortet ihm:

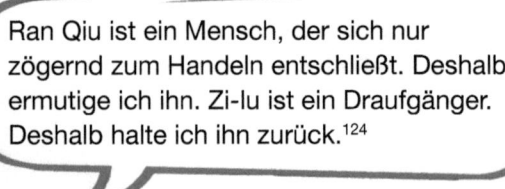

Ran Qiu ist ein Mensch, der sich nur zögernd zum Handeln entschließt. Deshalb ermutige ich ihn. Zi-lu ist ein Draufgänger. Deshalb halte ich ihn zurück.[124]

Diese Antwort zeigt, dass Konfuzius eben nicht nur Philosoph, sondern auch ein geschickter Psychologe war. Er schätzte und berücksichtigte stets die Individualität seiner Schüler:

> Weisheit heißt, die Menschen zu kennen.[125]

Interessant ist in diesem Zusammenhang auch eine Situation, in der er selbst in einen Konflikt mit den Sitten und Ritualen gerät. Er wird von einem unsympathischen und korrupten Beamten zu einem persönlichen Gespräch in den Palast eingeladen. Der Beamte will sich offenbar mit seinem Besuch öffentlich schmücken. Konfuzius will dieses Gespräch aber nicht führen, da er den Beamten verachtet. Gemäß den „Li", also den guten Sitten, hat er aber die Pflicht, der Einladung des hochstehenden Beamten nachzukommen. Konfuzius lehnt diplomatisch mit der Begründung ab, dass es üblich sei, dass derjenige, der die Begegnung wünsche, den jeweils anderen besuchen müsse und er daher nicht zu ihm in den Palast kommen könne. Als der sture Beamte sich daraufhin tatsächlich zu ihm auf den Weg macht und die Treppen des Hauses hochsteigt, lässt Konfuzius ihm durch einen Boten ausrichten, dass er krank sei und deshalb niemanden empfangen könne. „Während aber der Bote zur Tür hinausging, nahm er die Laute und sang, damit man es hören sollte."[126] So hält er die Riten ein und sagt dennoch mit seinem fröhlichen Gesang die Wahrheit.

Konfuzius war eine faszinierende Persönlichkeit. Und vielleicht sollten wir versuchen, etwas von seiner Leichtigkeit und Rhetorik zu übernehmen. Manchmal erscheint es sinnvoll, wie Konfuzius, auf eine Frage einfach nur mit einer guten Gegenfrage zu antworten, um Freiräume für den Diskurs zu schaffen. Vor allem aber kann uns, insbesondere in moralischen Fragen, eine gewisse Bescheidenheit und Selbstironie, wie sie Konfuzius praktizierte, davor bewahren, uns selbst zu überschätzen. Gerade wenn wir moralische Forderungen stellen, schadet es nicht, mit Konfuzius zu fragen:

Was davon gelingt mir schon?[127]

Widerspruch ist Wertschätzung

Eine weitere lebenspraktische Hinterlassenschaft von Konfuzius ist seine Ermutigung zum Widerspruch. Dabei geht es ihm nicht nur darum, wenn nötig irgendwelchen Unwahrheiten zu widersprechen, sondern vor allem darum, dass wir den Widerspruch anderer uns gegenüber wertschätzen. Wenn uns jemand korrigiert, widerspricht oder gar kritisiert, wird das heutzutage schnell als negativ, herabwürdigend oder sogar respektlos empfunden. Meistens verkrampfen wir und beharren umso mehr auf unserer Meinung. Wir wollen „Recht behalten" und unseren Status als Wissender verteidigen. Doch diese Einstellung ist falsch. Konfuzius lehrt uns einen anderen Umgang mit dem Widerspruch. Wenn sich beispielsweise ein Freund nicht scheut, uns zu sagen, was wirklich Sache ist, was er für die Wahrheit hält, was wir vielleicht selbst aus unserer Perspektive nicht sehen, was wir anders oder besser machen können, dann ist das eine große Wertschätzung:

Ist man einem anderen treu verbunden,

wie sollte man ihn dann nicht stets zum Guten ermahnen? [128]

Gerade gute Freunde müssen sich alles sagen können, auch gegensätzliche Auffassungen und unbe-
queme Wahrheiten, denn sie wissen, dass es auf einer tieferen Ebene eine Anerkennung der eigenen
Person gibt und die Kritik sich erst auf dieser Basis
erhebt. Der Widerspruch gefährdet diese Basis nicht,
im Gegenteil, er vertieft sie. Jemand, der uns nach
dem Mund redet und in allem zustimmt, ist zwar un-
problematisch und bequem, aber er hilft uns nicht
weiter. Ein von permanentem Verständnis getra-
gener Gleichklang zwischen Freunden oder zwischen
Lehrer und Schüler oder zwischen Partnern in einer
Beziehung kann sogar gefährlich sein. So sagt Konfuzius von seinem begabtesten Schüler, dem um drei-
ßig Jahre jüngeren Yan Hui, dass er von allen seinen
Schülern die rascheste Auffassungsgabe habe und
seinem eigenen Denken schon sehr nahe komme,
bedauert aber gerade diese Nähe:

Was ich auch sage, Yan Hui ist sofort damit einverstanden. So hilft er mir nicht.[129]

Widerspruch ist wichtig, um sich weiterzuentwickeln und seine Gedanken zu schärfen. Menschen, die uns nicht widersprechen und uns nur nach dem Mund reden, sollte man laut Konfuzius sogar meiden:

Freundschaft mit Aufrichtigen [...] ist förderlich. Freundschaft mit Speichelleckern [...] ist von Übel.[130]

Obgleich Konfuzius die Wertschätzung und Ehr-erbietung der Kinder gegenüber ihren Eltern sehr hochhält, sieht er sogar hier die Möglichkeit zum Widerspruch:

> Dienst du deinen Eltern, dann kannst du ihnen auch in gebotener Zurückhaltung widersprechen.[131]

Der Widerspruch ist auch und gerade in der Politik sehr wichtig, wenn Regierende falsche oder ungerechte Entscheidungen treffen:

> [...] wenn nun der Herrscher Falsches oder Unrechtes sagt, und niemand widerspricht ihm – kann da nicht tatsächlich ein Wort das Land fast ins Verderben stürzen?[132]

Letztlich lehrt uns Konfuzius etwas sehr Einfaches. Wir sollten unsere Eitelkeit im Griff haben und nicht jede Gegenmeinung als persönliche Beleidigung betrachten. Aufrichtiger Widerspruch ist keine Herabwürdigung, sondern im Gegenteil – eine Wertschätzung.

Das Vermächtnis des Konfuzius – die lebenslange Suche nach dem „Dao"

Was nutzt uns Konfuzius heute? Geradezu bestechend aktuell ist seine 2500 Jahre alte Empfehlung, jeden Tag aufs Neue nach dem „Dao" zu suchen, nach dem „richtigen Weg":

Wer [...] lernt, den rechten Weg zu gehen, findet schon Zufriedenheit.[133]

Lerne voll Vertrauen in den rechten Weg, und bleibe ihm treu bis an dein Ende.[134]

Im Westen rückt die Frage nach dem „Dao", der richtigen Lebensführung, erst mit der Aufklärung, dem Marxismus, der Psychoanalyse und der Existenzphilosophie in den Mittelpunkt des Interesses. Denn

103

erst Denker wie Hobbes, Rousseau, Marx, Freud, Sartre und Heidegger fragen nach dem richtigen Weg der „Verwirklichung des Individuums in der Gemeinschaft", der „Selbstverwirklichung", der „Entfaltung des Individuums als Gattungswesen", oder der Möglichkeit eines „eigentlichen Daseins". Im Mittelalter stellte sich diese Frage in Europa noch nicht, da Religion und Kirche die Antwort vorgaben. Der Mensch, so hieß es, müsse gottesfürchtig leben, die Zehn Gebote befolgen, allen Versuchungen widerstehen, um nach dem Tod die Gnade des ewigen Lebens zu erfahren. Konfuzius lehnte diese Vorherbestimmtheit des rechten Weges als Prüfung für das Jenseits ab. Das „Dao", der rechte Weg, ist bei Konfuzius nicht vom absolut Guten, also von einem metaphysisch göttlichen Pol vorbestimmt, sondern muss erst durch uns selbst, durch unsere Worte und Taten erschaffen werden:

Der Mensch kann das Dào erhöhen, nicht erhöht das Dào den Menschen.[135]

oder:

> Der Mensch vermag das Dào groß zu machen; es ist nicht so, dass das Dào den Menschen groß machte.[136]

Einfach ausgedrückt: Der Mensch kann durch gute Taten seinen Weg moralisch gestalten und erhöhen, aber nicht umgekehrt der göttlich vorgegebene Weg den Menschen. Gemäß Konfuzius müssen wir uns jeden Tag aufs Neue um unser „Dao", unsere Selbstkultivierung und Weiterentwicklung bemühen. Dabei machen wir Fehler. Mal bedienen wir uns einer kleineren oder größeren Lüge, um uns einen Vorteil zu verschaffen, ein anderes Mal entwickeln wir uns in eine falsche Richtung, verraten uns selbst oder kränken andere. Doch das gehört zum Leben. Niemand, so Konfuzius, wird als Heiliger geboren und niemand schafft es, stets das Richtige zu tun. Wichtig ist nur, etwas für den weiteren Lebensweg zu lernen:

> Einen Fehler machen und nicht korrigieren – das erst heißt wirklich einen Fehler machen.[137]

Der Weg ist das Ziel. Dieser Satz wird im Internet und in der Literatur sehr oft Konfuzius zugeschrieben. Er hat ihn in dieser Form nie wörtlich ausgesprochen, allerdings entspricht er zweifellos seinem Kerngedanken. Konfuzius war Pragmatiker und wusste, dass sich die Menschen Tag für Tag um ihr „Dao" bemühen müssen:

Es hängt von uns selbst ab, das Rechte zu tun.[138]

Als es nach über tausend Jahren konfuzianischer Tradition im 17. Jahrhundert erstmals zur Begegnung der Konfuzianer mit christlichen Missionaren kam, staunten beide Seiten nicht schlecht. Es war in gewisser Weise ein „Clash of Civilisations", ein Zusammenstoß der Kulturen. Die Begegnung zwischen Christentum und Konfuzianismus wird sehr bildhaft und eindrucksvoll in den sogenannten Briefen des Sendboten des Kaisers von China in Europa beschrieben. Als der chinesische Gesandte in Europa an einem katholischen Gottesdienst teilnimmt, sieht er, wie der Priester auf dem Höhepunkt der Messe weihevoll das Brot und den Weinkelch in die Höhe hält. Er sieht, wie der Priester beides segnet, indem er Gottes Geist darin heraufbeschwört mit den Worten: ,Das ist mein Leib, mein Blut, das für euch und für alle vergossen wird'. Dann wird der chinesische Sendbote Zeuge, wie der Priester davon isst, trinkt und den Gläubigen ebenfalls davon zu essen gibt, um sich die Kraft Gottes einzuverleiben.

Er schreibt daraufhin an den Kaiser von China: „Wenn sie einen Gott gemacht haben, essen sie ihn auf. Einen solchen Gottesdienst hätte der große Konfutse lästerlich und anstößig empfunden."[139] Diese Schilderung des Aufeinanderprallens von Konfuzianismus und katholischer Liturgie ist allerdings bewusst kritisch gegenüber dem Katholizismus gehalten. Sie stammt nämlich nicht von einem echten Gesandten des chinesischen Kaisers, sondern wurde als fiktive Erzählung von Friedrich dem Großen, dem König von Preußen verfasst. Dieser war ein großer Bewunderer von Konfuzius und wollte mit Hilfe seiner rationalen Persönlichkeit den Katholizismus als Aberglauben kritisieren.

Aber auch wenn die Darstellung fiktiv ist, hat sie doch einen wahren Kern. Konfuzius hätte der Zeremonie zweifellos mit Achselzucken, Unverständnis, zumindest aber mit einem Lächeln beigewohnt.

Zwar schätzte auch er Bräuche und Rituale zum Gedenken der Ahnen, doch der rituelle Verzehr eines Gottes wäre ihm mit Sicherheit zu weit gegangen. Konfuzius suchte bei aller Wertschätzung der „Li", also der Riten und Sitten, letztlich immer nach deren Sinn für die Harmonisierung der Gesellschaft im Hier und Jetzt. Seine Lehre war auf das Zusammenleben der Menschen im diesseitigen Leben gerichtet. Hier sollten sie die Probleme lösen ohne dazu eine höhere Macht ins Spiel zu bringen.

Und diese Haltung hat Ostasien nachhaltig geprägt. Bis heute feiern beispielsweise die Chinesen ihr wichtigstes Fest, das Neujahrsfest, mit einem rituellen Gedenken der Ahnen, wie es bereits zur Zeit von Konfuzius praktiziert wurde. Doch dabei geht es ihnen nicht um Gottesanbetung oder gar um ewiges Leben, sondern nur um die direkte Verehrung ihrer Vorfahren und die Wertschätzung dessen, was die vorangegangenen Generationen für das jetzige Wohlergehen der Menschen getan haben. Ostasien blieb konfuzianisch und weltzugewandt. Interessanterweise sind im 17. Jahrhundert dann auch alle Missionierungsversuche der Jesuiten gescheitert. Das Christentum konnte, im Unterschied zu Afrika und Amerika, in China nicht Fuß fassen. Ostasien blieb konfuzianisch und das heißt im Diesseits:

[...] die Geister verehren, aber nicht darin aufgehen – das kann man Weisheit nennen.[140]

Der Harmoniegedanke und die Verwirklichung einer diesseitigen friedlichen Gesellschaft der „Junzi" wurde von christlicher Seite bis ins 19. Jahrhundert als Mangel an Glauben und Religiosität kritisiert. Neben den Theologen beklagten sogar europäische Philosophen wie Hegel und Kant die fehlende metaphysische Grundlegung der Philosophie von Konfuzius. Und tatsächlich hat der Konfuzianismus bereits in seinem Ursprung etwas sehr Pragmatisches und Zurückhaltendes. Die nach dem Tod von Konfuzius einsetzende Weiterentwicklung seiner Lehre durch nachfolgende Philosophen, der sogenannte „Konfuzianismus", wird in China bis heute als „Rujia", als „Schule der Gelehrten" oder „Schule der Sanften" bezeichnet.[141] Man kann in der Tat sagen, Konfuzius und die aus seiner Lehre hervorgegangene Denktradition des Konfuzianismus ist sanftmütig. Ihr fehlt jedes religiöse Pathos und jede eschatologische Dramatik.

Aber vielleicht konnte man Konfuzius gerade deshalb niemals zur Rechtfertigung eines Krieges heranziehen. Seine Lehre ließ sich nicht so einfach instrumentalisieren, während auf der anderen Seite der Welt, im Namen der großen Weltreligionen, blutige Kriege geführt wurden. Als die christlichen Kreuzritter mit gezogenen Schwertern in die Schlacht zogen, riefen sie auf Lateinisch, „Deus lo vult!", „Gott will es!"[142], ähnlich wie die muslimischen Krieger Mohammeds den Kampf mit dem Schlachtruf eröffneten: „Allahu Akbar!", „Gott ist am Größten!". Es ist hingegen niemals vorgekommen und geradezu undenkbar, dass irgendwelche Heerscharen in die Schlacht ziehen, mit den Worten: "Konfuzius sagt...".

Natürlich ist auch Konfuzius im Laufe der Jahrhunderte von Machthabern für deren Zwecke missbraucht worden. Und wie bei Jesus, Buddha oder Mohammed stellt auch die reine Lehre des Konfuzius ein noch nicht verwirklichtes, zeitloses Ideal dar. Doch die Lebensführung, die uns Konfuzius empfiehlt, bleibt gleichwohl auf das Diesseits bezogen und hat einen pragmatischen Kern. Und vielleicht ist gerade seine eigentümlich bescheidene, auf Menschlichkeit ausgerichtete Haltung das Vermächtnis an uns heute Lebende. Was uns Konfuzius nahelegt, ist letztlich ein pragmatischer Humanismus. Konfuzius verspricht uns keine Erlösung, verdammt uns aber auch nicht wegen unserer Schwächen. Es genügt ihm, wenn wir an unseren Schwächen arbeiten:

> Wenn du Fehler gemacht hast, dann scheue dich nicht, sie zu korrigieren.[143]

Der Weg ist das Ziel. Und der Weg erfordert eben manchmal Korrekturen. Sturheit und Prinzipienreiterei ist unangebracht:

> Der Edle geht unbeirrbar den rechten Weg; er ist aber nicht stur.[144]

> Nur die […] wirklich Dummen ändern sich nicht.[145]

Veränderung ist wichtig. Dabei sollten wir bei uns selbst beginnen:

Fordere viel von dir selbst und erwarte weniger von anderen![146]

Als spitzbärtiger Wandergelehrter lebte Konfuzius in einer Zeit des Feudalismus, einer Zeit der Fürsten, Untertanen und des Aberglaubens. Dennoch entwickelte er eine zeitlose Botschaft. Modern formuliert sagt er uns fünf Dinge.

Erstens: Nobody is perfect – Fehler und Krisen müssen sein. Wichtig ist nur, dass du daraus lernst!

Zweitens: Wenn dir etwas nicht passt, musst du es ändern. Beginne bei dir selbst und verhalte dich entsprechend vorbildlich.

Drittens: Bilde dich weiter und entfalte dich, aber sorge dabei auch für die Entfaltung der anderen.

Viertens: Achte die Sitten und Gesetze, aber

widerspreche dort, wo sie verletzend oder unmenschlich sind. Stehe für deine Überzeugung ein, notfalls mit deinem Leben.

Fünftens: Suche jeden Tag aufs Neue dein „Dao", lebe deine Menschlichkeit und weiche nicht von ihr ab!

Alle fünf Hinweise durchgehend zu befolgen, insbesondere die Menschlichkeit und die Entfaltung der anderen stets im Auge zu haben, ist natürlich schwierig. Konfuzius wusste das:

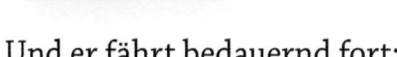

Ich habe noch niemanden gesehen, der innere Werte genauso liebt, wie äußere Schönheit.[147]

Und er fährt bedauernd fort:

Es war mir bisher [...] nicht vergönnt, einen wirklich guten Menschen zu treffen.

> Könnte ich einen finden, der wenigstens beharrlich danach strebt, wäre ich schon zufrieden.[148]

Ja, nicht einmal er selbst, so räumt er ein, schaffe es, sein Ego zurückzunehmen, stets in Harmonie mit der Welt und den Mitmenschen zu leben und sich vorbildlich wie ein „Junzi" zu verhalten:

> Was Wissen und Bildung angeht, so stehe ich anderen Leuten nicht nach. Aber mich selbst im praktischen Leben immer wie ein Edler zu verhalten – das habe ich noch nicht erreicht.[149]

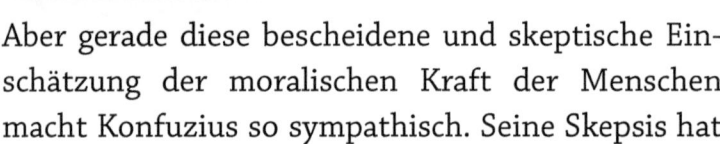

Aber gerade diese bescheidene und skeptische Einschätzung der moralischen Kraft der Menschen macht Konfuzius so sympathisch. Seine Skepsis hat

ihn gleichwohl nicht von seiner großen Vision ab-
gehalten. Trotz aller Selbstbezogenheit und einge-
standenen Schwächen, sieht Konfuzius die Chance,
dass wir beharrlich das Wohl der Anderen und der
Gemeinschaft im Auge behalten können. Menschlichkeit kann und soll gelebt werden. Das ist der
Kern seiner Botschaft – einer Botschaft, die zeitlose
Gültigkeit hat: Nobody is perfect und keiner von uns
ist ein Heiliger. Wir müssen es auch nicht sein, aber
wir sollten nicht lockerlassen, ein Leben lang nach
dem „Dao", dem rechten Weg, zu suchen. Als ihn ein
Schüler fragte, was denn nun das „Dao" eigentlich
genau sei und ob er es bitte noch einmal in einem
Satz sagen könne, antwortete Konfuzius:

Der Edle erzieht sich selbst zur gewissenhaften Erfüllung seiner Pflichten.[150]

„Ist das alles?", fragte der Schüler.

Er erzieht sich selbst, um anderen Menschen Ruhe und Frieden zu geben.[151]

Zitatverzeichnis:

1 Zitat, Konfuzius, Gespräche (Lunyu), übers. von Ralf Moritz, Reclam
   Verlag 2017, Kap. IV,1, S. 21, im Folgenden zitiert als „Gespräche"
2 Der eigentliche Geburtsname von Konfuzius lautet Kǒng Qiū, also Qiū
   aus der Familie Kǒng. Er selbst nennt sich in den Gesprächen meist
   „Qiū". In der chinesischen Literatur wird auch die höfliche Anrede   ,
   Kǒng Fū Zǐ verwendet, was übersetzt „Meister Konfuzi" bedeutet.
   Die Endung „us" im Wort „Konfuzius" war eine Erfindung
   der Jesuiten, die als erste die Gespräche ins Lateinische übersetzen
   und dabei auch gleich den Namen des großen chinesischen
   Philosophen latinisierten.
3 Das Werk Gespräche stammt aus den über die Jahrzehnte
   zusammengetragenen Mitschriften der Schüler des Konfuzius und
   lässt sich in verschiedenen Erzählschichten unterschiedlichen Autoren
   und Zeiten zuordnen. Die heute vorliegende und allgemein
   wissenschaftlich anerkannte Fassung beruht auf einem längeren
   Synthesevorgang aller Quellentexte durch Konfuzianer vom 1. bis
   3. Jahrhundert v. Chr. Eine wichtige Grundlage ist das in der Wand
   des ehemaligen Wohnhauses von Konfuzius und der Familie Kong
   entdeckte, noch mit alten Schriftzeichen verfasste, Kompendium mit
   21 Kapiteln. Es wurde zur Regierungszeit des Kaisers Jing-di
   (157-141 v. Chr.) gefunden, also gut 300 Jahre nach dem Tod von
   Konfuzius und hatte die zwischenzeitliche Verfolgung und
   Verbrennung unter der Qin-Dynastie (221-206 v. Chr.) unbeschadet
   überstanden. Die hier zitierte Ausgabe der Gespräche, übersetzt vom
   deutschen Sinologen Prof. Ralf Moritz, gilt in dieser
   Zusammenstellung als eine der verlässlichsten und authentischsten
   Quellen, um das Gedankengut des Konfuzius zu erfassen.
4 Zitat, Konfuzius, Gespräche, IV,15, S. 23
5 Zitat, Konfuzius, Gespräche, XV,12, S. 101
6 Zitat, Konfuzius, Gespräche, XIII,23, zitiert nach Heiner Rötz,
   Konfuzius, C.H. Beck Verlag, München 2006, S. 85, im Folgenden
   zitiert als „Rötz"

Vgl. dieselbe Stelle übersetzt bei Moritz, Gespräche, XIII, 23, S. 85: „Der Edle mag Harmonie und Eintracht mit anderen, Kumpanei aber ist ihm fremd."

7 Zitat, Konfuzius, Gespräche, XV,24, S. 102

8 Lange Zeit glaubte man im Westen, die goldene Regel stamme aus der Bibel bzw. sei womöglich erstmals im Neuen Testament niedergeschrieben worden, bis man feststellte, dass Konfuzius sie bereits gut 500 Jahre früher formuliert hat. Im Neuen Testament Lukas 6.31 heißt es: „Was ihr von anderen erwartet, das tut auch ihnen." Den Begriff „goldene Regel" beziehungsweise „golden rule" benutzte Konfuzius noch nicht. Ihn gebrauchten erstmals anglikanische Christen 1615 für biblische Regelbeispiele, die den Anspruch gegenseitiger Rücksichtnahme und Wertschätzung enthielten.

9 Zitat, Konfuzius, Gespräche, XV,24, S. 102

10 Zitat, Konfuzius, Gespräche, XIV,28, S. 93

11 Zitat, Konfuzius, Gespräche, XV,36, S. 105,
Bei Moritz lautet das Zitat im Wortlaut: „Gut und sittlich handeln, das sollst du. Hierbei bleibe nicht [...] hinter deinem Meister zurück." Moritz selbst merkt aber an dieser Stelle an, dass im chinesischen Originaltext der Lunyu nicht „Gut und sittlich handeln" steht, sondern „Ren", also „Menschlichkeit" und das Zitat wörtlich übersetzt folgendermaßen lauten muss: „Gemäß der Menschlichkeit handeln, das sollst du."

12 Zitat, Konfuzius, Gespräche, IX,6, S. 51

13 Ob und wie lange Konfuzius tatsächlich für den Herrscher des chinesischen Teilstaates Lu als Minister gearbeitet hat, ist in der Forschung bis heute umstritten. Es besteht der Verdacht, dass Konfuzianer späterer Jahrhunderte diese Episode seiner Biografie nachträglich hinzugefügt haben, um seine Bedeutung und Bewährung im Regierungsamt zu unterstreichen. Fest steht aber in jedem Fall, dass einige seiner Schüler in den höheren Verwaltungsdienst kamen und dass er selbst für eine solche Aufgabe durchaus aufgeschlossen war. In den Gesprächen sagt er wörtlich: „Gäbe es einen Herrscher, der mich mit der Führung der Regierungsgeschäfte beauftragte – nach einem Jahr hätte ich bereits die ersten Erfolge, und nach drei Jahren wäre alles in Ordnung." Zitat, Konfuzius, Gespräche, XIII,10, S. 81

Es spricht aber auch Einiges dafür, dass er ein solches Amt niemals real ausgeübt hat. So heißt es in den Gesprächen: „Es bekümmert mich nicht, daß ich ohne Amt und Würden bin. [...] Auch betrübt es mich nicht, unbekannt zu sein. Es geht mir darum, würdig zu sein, daß man mich kennt." Zitat, Konfuzius, Gespräche, IV,14, S. 23
Die sicherste Quelle zur Rekonstruktion der Biografie von Konfuzius ist bis heute ein ausführliches Kapitel in den historischen Annalen des Chronisten Sima Qian, der allerdings erst Jahrhunderte nach Konfuzius in der Han-Dynastie lebte.

14   Zitat, Konfuzius, Gespräche, II,7, S. 11
15   Zitat, Konfuzius, Gespräche, XII,11, S. 74
16   Zitat, Konfuzius, Gespräche, VI,29, S. 37
Gemeint ist damit, dass der Herrscher sich so verhalten solle, wie es einem Herrscher gebührt; der Untertan so, wie es einem Untertan gebührt etc. Es geht nicht um die Festschreibung der Positionen, denn auch der Sohn kann beispielsweise später Herrscher werden.

17   Zitat, Konfuzius, Gespräche, II,21, S. 14
18   Zitat, Konfuzius, Gespräche, II,23, S. 14
19   Zitat, Konfuzius, Gespräche, III,7, S. 16
20   Zitat, Konfuzius, Gespräche, VIII,8, S. 47
21   Zitat, Konfuzius, Gespräche, III,4, S. 15
22   Zitat, Konfuzius, Gespräche, XI,16, S. 66
23   Zitat, Konfuzius, Gespräche, IX,16, S. 54
24   Zitat, Konfuzius, Gespräche, V,27, S. 31
25   Zitat, Konfuzius, Gespräche, XVII,2, S. 112
26   Zitat, Konfuzius, Gespräche, IV,5, S. 21
27   Zitat, Konfuzius, Gespräche, I,8, S. 7
28   Zitat, Konfuzius, Gespräche, I,14, S. 8
29   Zitat, Konfuzius, Gespräche, XVII,6, S. 113 f.
30   Zitat, Konfuzius, Gespräche, I,1, S. 5
31   Zitat, Konfuzius, Gespräche, I,8, S. 7
32   Zitat, Konfuzius, Gespräche, IX,24, S. 55
33   Zitat, Konfuzius, Gespräche, XIV,27, S. 93
34   Zitat, Konfuzius, Gespräche, VI,1, S. 106
35   Zitat, Konfuzius, Gespräche, XIII,3, S. 79
36   Zitat, Konfuzius, ebenda
37   Zitat, Konfuzius, Gespräche, VII,8, S. 39
38   Zitat, Konfuzius, Gespräche, XIII,28, S. 86

39 Zitat, Konfuzius, Gespräche, XIII,13, S. 82

40 Zitat, Konfuzius, Gespräche, XV,21, S.102

41 Zitat, Konfuzius, Gespräche, XV,2, S. 98

42 Zitat, Konfuzius, Gespräche, I,1, S. 5

43 Zitat, Konfuzius, Gespräche, XV,39, S. 105

44 Zitat, Konfuzius, Gespräche, VII,7, S. 39

45 Zitat, Konfuzius, Gespräche, XI,1, S. 63

46 Zitat, Konfuzius, Gespräche, XVI,9, S. 109

47 Zitat, Konfuzius, Gespräche, VII,20, S. 41

48 Zitat, Konfuzius, Gespräche, VII,22, S. 41

49 Zitat, Konfuzius, Gespräche, II,11, S. 12

50 Zitat, Konfuzius, Gespräche, II,15, S. 12

51 Zitat, Konfuzius, Gespräche, XVII,8, S. 115

52 Zitat, Konfuzius, Gespräche, XIII,5, S. 80

53 Zitat, Konfuzius, Gespräche, XIII,28, S. 86

54 Der Konfuzius-Kenner Xuewu Gu empfiehlt sogar, das Wort „Ren" am besten direkt mit „Mitmenschlichkeit" zu übersetzen. Dies würde der Intention von Konfuzius näherkommen als die üblichen Übersetzungen von „Ren" als „Menschlichkeit", „Sittliches Verhalten", „Menschenliebe", „Humanitas" oder „Benevolence" und „Goodness". Das Schriftzeichen „Ren" ist sehr alt und wurde jahrhundertelang für jede Art von „Gutsein" verwendet. Erst Konfuzius gab "Ren" die spezifisch philosophische Bedeutung als ein auf gelingendes Zusammenleben mit anderen ausgerichtetes Verhalten. Vgl. Konfuzius, Xuewu Gu, Junius Verlag, Hamburg 1999, S. 61 f.

55 Zitat, Konfuzius, Gespräche, VI,30, S. 38

56 Zitat, Konfuzius, Gespräche, XII,22, S. 77

57 Zitat, Konfuzius, Gespräche, I,5, S. 6

58 Zitat, Konfuzius, Gespräche, XV,24, S. 102

59 Zitat, Konfuzius, Gespräche, XII,2, S. 71

60 Zitat, Konfuzius, Gespräche, XII,1, S. 71

61 ebenda

63 Zitat, Konfuzius, Gespräche, VI,30, S. 38

64 Zitat, Konfuzius, Gespräche, II,10, S. 11

65 Zitat, Ji Kang-Zi, Gespräche, XII,19, S. 76

66 Zitat, Konfuzius, Gespräche, ebenda

67 Zitat, Konfuzius, Gespräche, XII,17, S. 75

68 Zitat, Konfuzius, Gespräche, II,3, S. 9

69   Zitat, Konfuzius, Gespräche, ebenda
70   Zitat, Konfuzius, Gespräche, II,1, S. 9
71   Zitat, Konfuzius, Gespräche, XV,9, S. 100
72   Zitat, Konfuzius, Gespräche, XIV,12, S. 89
73   Zitat, Konfuzius, Gespräche, IV,6, S. 22
74   Zitat, Konfuzius, Gespräche, VII,34, S. 44
75   Zitat, Konfuzius, Gespräche, VII,30, S. 43
76   Zitat, Konfuzius, Gespräche, IV,6, S. 22
77   Zitat, Konfuzius, Gespräche, VII,6, S. 39
78   Zitat, Konfuzius, Gespräche, XV,28, zitiert nach der Übersetzung von
     Volker Zotz, Konfuzius, Rowohlt Taschenbuch Verlag, Reinbek bei
     Hamburg 2000, S.114, im Folgenden zitiert als „Zotz"
79   Zitat, Konfuzius, Gespräche, XV,29, zitiert nach „Rötz", S. 83
80   Zitat, Konfuzius, Gespräche, VIII,18, S. 49
     Yao, Shun und Yu waren drei sagenumwobene Kaiser, die im 3.
     Jahrtausend v. Chr. der Legende nach absolut gerecht und friedlich
     regiert haben.
81   Zitat, Konfuzius, Gespräche, XVI,12, S. 110
82   Das chinesische Schriftzeichen für „Dao" besteht aus dem
     Radikal shou, das für „Haupt" bzw. „Kopf" verwendet wird, und
     dem Radikal chuo für „gehen" bzw. „stampfen" mit dem „Fuß".
     Der rechte Weg entsteht also symbolisch aus dem Zusammenspiel von
     Kopf und Fuß, von Denken und Handeln. Radikale, sind uralte soge-
     nannte „Wurzelzeichen", die vielfach kombiniert und zusammen-
     gesetzt als Grundlage zahlreicher komplexerer Zeichen dienen. Es gibt
     im Chinesischen traditionell 214 Radikale, aber am Ende insgesamt
     über 100.000 Schriftzeichen.
83   Zitat, Konfuzius, Gespräche, II,13, S. 12
84   Zitat, Konfuzius, Gespräche, I,2, S. 5
85   Laotse soll zur selben Zeit wie Konfuzius, also im 6./5. Jahrhundert
     v.Chr. gelebt haben und gilt als der legendäre Philosoph und
     Verfasser des Daodejing, einer aus 82 Kapiteln bestehenden
     Schriftensammlung mystisch religiöser Texte und Aphorismen, die
     eine der wichtigsten Grundlagen des Daoismus darstellt. Seine
     Autorenschaft sowie die historische Existenz seiner Person, lassen
     sich aber wissenschaftlich nicht eindeutig nachweisen. Sein Name
     wird je nach Umschrift Laozi, Lao Tzu, Laotse, Lao-Tse, Laudse oder
     Lao-tzu geschrieben.

86   Zitat, Konfuzius, Gespräche, XVIII,6, S. 121
87   Zitat, Konfuzius, ebenda
88   Vgl. Zotz, S. 29
89   Zitat, Konfuzius, Gespräche, IV,1, S. 21
90   Zitat, Konfuzius, Gespräche, VI,17, S. 35
91   Zitat, Konfuzius, Gespräche, XV,31, S. 103
92   Zitat, Torwächter, Gespräche, XIV,38, S. 95
93   Vgl. Ursula Gräfe, Nachwort zu: Konfuzius, Die Weisheit des
     Konfuzius, Aus dem chinesischen Urtext neu übertragen und
     eingeleitet von Hans O. H. Stange, Insel Verlag, Frankfurt a.M. 1964, S.
     93
94   Zitat, Konfuzius, Gespräche, XII,17, S. 75
95   Zitat, Konfuzius, Gespräche, XIII,1, S. 78
96   Zitat, Konfuzius, Gespräche, VII,34, S. 44
97   Zitat, Konfuzius, Gespräche, XI,12, S. 65
98   Zitat, Konfuzius, ebenda
99   Zitat, Zi-Lung, Gespräche, V,13, S. 28
100 Zitat, Zi-Lung, Gespräche, VII,21, S. 41
     Den Begriff Himmel hat Konfuzius in seinen Gesprächen sehr
     unterschiedlich verwendet. Mal bezeichnet er damit Natur, Gesamt-
     gesellschaft, Geschichte, Ganzheit, Universum, mal das Schicksal, aber
     er meint in keinem Fall ein Paradies, in das wir bei guter Lebens
     führung nach dem Tod gelangen können, wie etwa im christlichen
     oder islamischen Gottes-Glauben.
101 Zitat, zitiert nach Gregor Paul, Konfuzius und der Konfuzianismus,
     Wissenschaftliche Buchgesellschaft, Darmstadt 2010, S. 123.
     Die Bewegung des 4. Mai ging aus den Studentenprotesten gegen
     den Versailler Vertrag am 4. Mai 1919 hervor. Die Studenten wünschten
     von den Westmächten die Beseitigung der einundzwanzig
     Forderungen Japans von 1915, da China im Ersten Weltkrieg auf
     Seiten der Alliierten stand und forderten zudem innenpolitische
     Reformen. Konfuzius erschien ihnen als Vertreter des
     überkommenen Kaiserreiches.
102 Zitat, ebenda
103 Zitat, Konfuzius, Gespräche, IX,17, S. 54
104 Zitat, Konfuzius, Gespräche, XV,9, S. 100
105 Zitat, Konfuzius, Gespräche, XIV,22, S. 92
106 Zitat, Konfuzius, Gespräche, VIII,13, S. 48

107 Zitat, Karl Jaspers, Vom Ursprung und Ziel der Geschichte, Fischer Verlag, München 1957, S. 31
Karl Jaspers sieht die Zeitspanne von ca. 800 bis 200 v. Chr. als Achsenzeit der Menschheitsgeschichte an. Drei voneinander unabhängige Kulturräume machen wie durch ein Wunder gleichzeitig enorme Fortschritte und schaffen die geistige Grundlage der gegenwärtigen Menschheit. Jaspers schreibt wörtlich: „Der Tatbestand der dreifach erscheinenden Achsenzeit ist wie ein Wunder, sofern eine wirklich zureichende Erklärung [...] außerhalb des Horizontes unserer Erklärungsmöglichkeiten liegt. [...]. Den Tatbestand der Achsenzeit wirklich zu sehen, [...] das heißt: etwas gewinnen, was der ganzen Menschheit, über alle Unterschiede des Glaubens hinweg, gemeinsam ist." Zitat, Karl Jaspers, Vom Ursprung und Ziel der Geschichte, München 1957, S. 30.

108 Buddhas Geburt lässt sich nicht exakt datieren. Er lebte um 500 v. Chr., also etwa zeitgleich mit Konfuzius (551- 479 v. Chr.) Sokrates schließlich von 469 - 399 v. Chr. Sokrates wurde vermutlich 10 Jahre nach Konfuzius' Tod geboren, wirkte also im selben Jahrhundert.

109 Zitat, Konfuzius, Gespräche, IX,8, S. 52

110 Zitat, Konfuzius, Gespräche, II,17, S. 12

111 Zitat, Konfuzius, Gespräche, XV,24, S. 102

112 Bereits vor Jaspers machte der französische Aufklärer Abraham Hyacinthe Anquetil-Duperron 1771 die Beobachtung, dass Zarathustra, Konfuzius und Pherekydes Zeitgenossen waren und gleichzeitig in verschiedenen Teilen der Welt „eine Art Revolution" bewirkten. Neben Konfuzius, Buddha und Sokrates werden in geschichtsphilosophischen Theorien der Achsenzeit auch Zarathustra, Laotse, Platon und Aristoteles als weitere einflussreiche Denker dieser Wendezeit diskutiert. Der Forscher Jan Assmann hat sämtliche verschiedenen Theorien der Achsenzeit eingehend untersucht und ist zu dem Ergebnis gekommen, dass es sich dabei um keine wissenschaftlich einheitliche Bestandsaufnahme handelt, wohl aber um ein fundiertes „Plädoyer für einen kosmopolitischen Humanismus", der auf „einer umfassenden Gemeinsamkeit aller Kulturen beruht". Vgl. Jan Assmann, Achsenzeit. Eine Archäologie der Moderne. 1. Auflage, Beck Verlag, München, 2018, S. 31

113 Zitat, Konfuzius, Gespräche, VII,4, S. 38

114 Zitat, Konfuzius, Gespräche, IX,16, S. 54

115 Zitat, Konfuzius, Gespräche, IX,2, S. 50

116 Zitat, Konfuzius, Gespräche, XI,26, S. 69

117 Zitat Gong-xi Hua, Gespräche, XI,26, S. 69

118 Zitat, Schüler Xeng Zi, Gespräche, XI,26, S. 69

119 Zitat, Konfuzius, Gespräche, XI,26, S. 70

120 Zitat, Schüler Xeng Zi, Gespräche, XI,26, S. 70

121 Zitat, Konfuzius, Gespräche, XI,26, S. 70

122 Zitat, Konfuzius, Gespräche, V,20, S. 29

123 Zitat, Konfuzius, Gespräche, XI,22, S. 67

124 Zitat, Konfuzius, Gespräche, ebenda

125 Zitat, Konfuzius, Gespräche, XII,22, S. 77

126 Zitat, Bote, Gespräche, XVII,20, S.117

127 Zitat, Konfuzius, Gespräche, IX,16, S. 54

128 Zitat, Konfuzius, Gespräche, XIV,7, S. 88

129 Zitat, Konfuzius, Gespräche, XI,4, S. 64

130 Zitat, Konfuzius, Gespräche, XVI,4, S. 108

131 Zitat, Konfuzius, Gespräche, IV,18, S. 24

132 Zitat, Konfuzius, Gespräche, XIII,15, S. 83

133 Zitat, Konfuzius, Gespräche, XV,32, S. 104

134 Zitat, Konfuzius, Gespräche, VIII,13, S. 48

135 Zitat, Konfuzius, Gespräche, XV,28, Zotz, S.114

136 Zitat, Konfuzius, Gespräche, XV,29, Roetz, S. 83

137 Zitat, Konfuzius, Gespräche, XV,30, S. 103

138 Zitat, Konfuzius, Gespräche, XII,1, S. 71

139 Zitat, Friedrich der Große, Berichte des Phihihu, Sendboten des Kaisers von China in Europa, in: Die Werke Friedrich des Großen in deutscher Übersetzung, hrsg. von Gustav Bertold Volz, Berlin 1913, Bd. VIII, S. 115-126. Friedrich der Große und sein Hofphilosoph Voltaire bewunderten die pragmatische Philosophie von Konfuzius und schätzten ihn als unprophetischen Vertreter der Vernunft. Nachdem Friedrich der Große Konfuzius gelesen hatte, schrieb und veröffentlichte er die fiktiven Bericht des Phihihu, des Sendboten des Kaisers von China, um damit den Katholizismus zu kritisieren.

140 Zitat, Konfuzius, Gespräche, VI,22, S. 36

141 Mit „Konfuzianismus" wurden im Westen alle Nachfolgeströmungen, Interpretationen und philosophischen Weiterentwicklungen bezeichnet, die aus der ursprünglichen Lehre des Konfuzius hervorgegangen sind. Dieser Begriff ist aber eine rein westliche

Namensgebung. In China spricht man von „Runja", der Schule der
Gelehrten. Die Konfuzianer wurden als Ru bezeichnet, was ursprüng-
lich die „Sanftmütigen" und erst zu einem späteren Zeitpunkt die
„Gelehrten" bedeutete.
Vgl. Gregor Paul, Konfuzius und der Konfuzianismus,
Wissenschaftliche Buchgesellschaft, Darmstadt 2010, S. 16
Vgl. Hermann Köster, Hsün-Zu, Kaldenkirchen 1967, S. 69
Vgl. Zotz, S. 142

142 Der Schlachtruf „Deus lo vult" heißt mittellateinisch „Gott will es!".
Erstmals erklang der Ruf auf der der Synode von Clermont. Eine
fanatisierte Menschenmenge skandierte „Deus lo vult!" als Papst
Urban II. am 27. November 1095 in seiner Predigt zur gewaltsamen
Befreiung Jerusalems aufrief.

143 Zitat, Konfuzius, Gespräche, I,8, S. 7

144 Zitat, Konfuzius, Gespräche, XV,37, S. 105

145 Zitat, Konfuzius, Gespräche, XVII,3, S. 112

146 Zitat, Konfuzius, Gespräche, XV,15, S. 101

147 Zitat, Konfuzius, Gespräche, IX,18, S. 54

148 Zitat, Konfuzius, Gespräche, VII,26, S. 42

149 Zitat, Konfuzius, Gespräche, VII,33, S. 44

150 Zitat, Konfuzius, Gespräche, XIV,42, S. 97

151 Zitat, Konfuzius, Gespräche, ebenda

In dieser Reihe erschienen:

Walther Ziegler
Adorno in 60 Minuten
1. Auflage: Oktober 2017
96 Seiten, Paperback, € 9,99
ISBN 9783-7-4486-463-3

Walther Ziegler
Arendt in 60 Minuten
1. Auflage: August 2018
120 Seiten, Paperback, € 9,99
ISBN 9783-7-5288-843-0

Walther Ziegler
Camus in 60 Minuten
1. Auflage: April 2015
84 Seiten, Paperback, € 9,99
ISBN 978-3-7347-8170-4

Walther Ziegler
Foucault in 60 Minuten
1. Auflage: November 2019
136 Seiten, Paperback, € 9,99
ISBN 978-3-75041-1262-0

Walther Ziegler
Freud in 60 Minuten
1. Auflage: April 2015
96 Seiten, Paperback, € 9,99
ISBN 978-3-7347-8024-0

Walther Ziegler
Habermas in 60 Minuten
1. Auflage: März 2017
128 Seiten, Paperback, € 9,99
ISBN 978-3-7431-8732-0

Walther Ziegler
Hegel in 60 Minuten
1. Auflage: April 2015
128 Seiten, Paperback, € 9,99
ISBN 978-3-7347-8128-5

Walther Ziegler
Heidegger in 60 Minuten
1. Auflage: April 2015
108 Seiten, Paperback, € 9,99
ISBN 978-3-7347-8169-8

Walther Ziegler
Hobbes in 60 Minuten
1. Auflage: Januar 2019
84 Seiten, Paperback, € 9,99
ISBN 978-3-7481-0127-7

Walther Ziegler
Kant in 60 Minuten
1. Auflage: April 2015
144 Seiten, Paperback, € 9,99
ISBN 978-3-7347-8172-8

Walther Ziegler
Marx in 60 Minuten
1. Auflage: April 2015
112 Seiten, Paperback, € 9,99
ISBN 978-3-7347-8154-4

Walther Ziegler
Nietzsche in 60 Minuten
1. Auflage: Oktober 2017
152 Seiten, Paperback, € 9,99
ISBN 978-3-7448-6482-4

Walther Ziegler
Platon in 60 Minuten
1. Auflage: April 2015
112 Seiten, Paperback, € 9,99
ISBN 978-3-7347-8158-2

Walther Ziegler
Popper in 60 Minuten
1. Auflage: November 2019
112 Seiten, Paperback, € 9,99
ISBN 978-3-7504-1241-5

Walther Ziegler
Rawls in 60 Minuten
1. Auflage: Januar 2019
104 Seiten, Paperback, € 9,99
ISBN 978-3-7528-4912-7

Walther Ziegler
Rousseau in 60 Minuten
1. Auflage: April 2015
112 Seiten, Paperback, € 9,99
ISBN 978-3-7347-2555-5

Walther Ziegler
Sartre in 60 Minuten
1. Auflage: April 2015
116 Seiten, Paperback, € 9,99
ISBN 978-3-7347-8156-8

Walther Ziegler
Schopenhauer in 60 Minuten
1. Auflage: Januar 2018
139 Seiten, Paperback, € 9,99
ISBN 978-3-7448-6463-3

Walther Ziegler
Smith in 60 Minuten
1. Auflage: April 2015
100 Seiten, Paperback, € 9,99
ISBN 978-3-7347-8157-5

Walther Ziegler
Wittgenstein in 60 Minuten
1. Auflage: April 2018
116 Seiten, Paperback, € 9,99
ISBN 978-3-7460-8226-4

Der Autor:

Dr. Walther Ziegler hat Philosophie, Geschichte und Politik studiert. Als Auslandskorrespondent, Reporter und Nachrichtenchef des Fernsehsenders ProSieben produzierte er Filme auf allen Kontinenten. Seine Reportagen wurden mehrfach preisgekrönt. 2007 bis 2016 leitet er in München eine University of Applied Sciences für Film- und Fernsehstudiengänge und bildet junge TV-Journalisten aus. Dr. Ziegler ist Autor zahlreicher philosophischer Bücher. Die Reihe „Große Denker in 60 Minuten" erscheint inzwischen weltweit in sechs Sprachen. Als langjährigem Journalisten gelingt es ihm, das komplexe Wissen der großen Philosophen spannend und verständlich darzustellen.